PROGRAMAÇÃO
APLICADA A *GAMES*

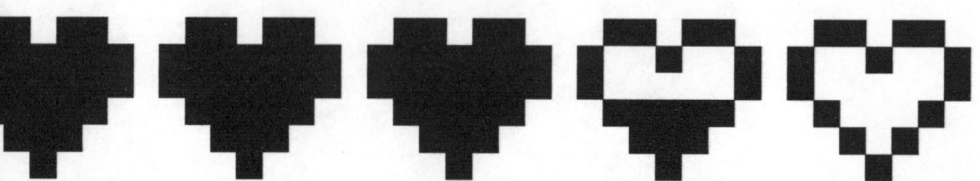

 Os livros dedicados à área de *design* têm projetos que reproduzem o visual de movimentos históricos. Neste módulo, as aberturas de partes e capítulos com *letterings* e gráficos pixelizados simulam a era dos jogos da década de 1980, que se tornaram febre nos fliperamas e levaram à popularização dos consoles domésticos.

PROGRAMAÇÃO APLICADA A *GAMES*

Vinícius Cassol

Rua Clara Vendramin, 58 . Mossunguê . CEP 81200-170 . Curitiba . PR . Brasil
Fone: (41) 2106-4170 . www.intersaberes.com . editora@intersaberes.com

Conselho editorial
Dr. Alexandre Coutinho Pagliarini
Dr.ª Elena Godoy
Dr. Neri dos Santos
Dr. Ulf Gregor Baranow

Editora-chefe
Lindsay Azambuja

Gerente editorial
Ariadne Nunes Wenger

Assistente editorial
Daniela Viroli Pereira Pinto

Edição de texto
Arte e Texto Edição e Revisão de Textos
Gustavo Castro
Monique Francis Fagundes Gonçalves

Capa
Luana Machado Amaro (*design*)
RDVector/Shutterstock (imagem)

Projeto gráfico
Bruno Palma e Silva

Diagramação
Querido Design

***Designer* responsável**
Charles L. da Silva

Iconografia
Regina Claudia Cruz Prestes
Sandra Lopis da Silveira

Dados Internacionais de Catalogação na Publicação (CIP)
(Câmara Brasileira do Livro, SP, Brasil)

Cassol, Vinícius
   Programação aplicada a games/Vinícius Cassol.
Curitiba: InterSaberes, 2022.

   Bibliografia.
   ISBN 978-65-5517-166-2

   1. Jogos por computador – Desenvolvimento 2. Jogos por computador – Programação 3. Jogos para computador – Projetos 4. Linguagem de programação I. Título.

22-104356   CDD-794.81526

Índices para catálogo sistemático:
1. Games: Desenvolvimento: Programação: Recreação   794.81526

Cibele Maria Dias – Bibliotecária – CRB-8/9427

1ª edição, 2022

Foi feito o depósito legal.

Informamos que é de inteira responsabilidade do autor a emissão de conceitos.

Nenhuma parte desta publicação poderá ser reproduzida por qualquer meio ou forma sem a prévia autorização da Editora InterSaberes.

A violação dos direitos autorais é crime estabelecido na Lei n. 9.610/1998 e punido pelo art. 184 do Código Penal.

sumário

Apresentação 8
Como aproveitar ao máximo este livro 10

1 **Programação aplicada a *games*** 16

   1.1 Algoritmos 17

   1.2 Linguagem de programação 19

   1.3 Ambiente de desenvolvimento 20

   1.4 O primeiro programa 22

   1.5 Variáveis 25

   1.6 Estrutura de seleção *if/else* 39

2 **Linguagem C#** 52

   2.1 Comando *While* 53

   2.2 Comando *Do-While* 57

   2.3 Comando *Switch* 59

   2.4 Funções 64

   2.5 Comando *For* 70

   2.6 *Arrays* ou vetores 74

   2.7 Matrizes 77

   2.8 Conectando conceitos: jogo da velha 78

3 **Programação orientada a objetos** 88

    3.1 Paradigma da orientação a objetos 89

    3.2 Iniciando com o Unity 95

    3.3 Inserindo *assets* de arte 98

    3.4 Inserção de componentes de física 101

    3.5 C# e POO no Unity 104

    3.6 Captura de *inputs* controladores 108

    3.7 Controle de *framerate* 110

    3.8 Implementação do pulo 112

4 **Desenvolvimento de jogos 2D** 122

    4.1 Enumeradores 123

    4.2 Sistema de animação 125

    4.3 Implementação de colisão 2D para itens coletáveis 145

    4.4 Um olhar aprofundado sobre o uso de *scripts* 147

5 **Agilidade e qualidade no processo de desenvolvimento de jogos** 154

    5.1 Reutilização de elementos 155

    5.2 Instanciando prefabs automaticamente 158

    5.3 Comunicação entre *scripts* 160

    5.4 Controlador da fase 163

    5.5 Exibindo informação na tela 170

    5.6 Criação da tela de *game over* 175

    5.7 Estrutura do projeto de *scripts* 176

6 **Fechamento do projeto** 190

    6.1 Elementos de interface gráfica 191

    6.2 Elementos de áudio 198

    6.3 Movimento de câmera 204

    6.4 *Asset Store* do Unity 206

    6.5 Exportando o jogo 207

6.6 Publicação do jogo 208
6.7 Ferramentas de apoio 211
6.8 Boas práticas de programação 212

Considerações finais 214
Referências 216
Sobre o autor 222

apresentação

Ao longo de seis capítulos, iniciando-se com temas básicos e finalizando com conteúdos avançados e valorizados no mercado de trabalho, abordaremos, além da programação, todo o processo de desenvolvimento de jogos.

Assim, nos Capítulos 1 e 2, apresentaremos os conceitos básicos, contextualizando algoritmos e linguagem de programação, além introduzir a linguagem C#. Nesse sentido, trabalharemos com os principais conceitos relacionados à programação que, além dos jogos, podem ser aplicados no desenvolvimento de qualquer *software* e, inclusive, de diferentes linguagens. Porém, optamos por utilizar o C#, visto que se trata da linguagem usada para o desenvolvimento de *scripts* utilizando a *game engine* Unity.

Após essa introdução, nos próximos capítulos mergulharemos fundo na exploração da *engine* por meio da implementação de mecânicas de jogos. A prática é o elemento presente ao longo de todo o nosso caminho, pois acreditamos que, com ela, estaremos muito próximos da realidade da indústria de jogos. Para isso, iniciaremos da estaca zero um protótipo de jogo de plataforma, que será finalizado após percorrermos os diversos módulos necessários para que um produto de jogo seja produzido. Mediante a programação, integraremos elementos de arte e de som, produzindo mecânicas em um jogo de plataforma.

Sabemos que estamos no início de uma longa jornada. Para muitos, apresentaremos o potencial da programação, porém, acreditamos que, ao final da obra, o leitor estará apto a evoluir, progredir e criar seu próprio jogo, de forma elegante e eficiente, produzindo, inclusive, um produto pronto para ser publicado em diferentes plataformas reconhecidas pela indústria de desenvolvimento de jogos.

A todos os leitores e entusiastas que utilizarem este material como guia, desejamos sucesso e esperamos contribuir muito em seu desenvolvimento como profissional.

como aproveitar ao máximo este livro

Empregamos nesta obra recursos que visam enriquecer seu aprendizado, facilitar a compreensão dos conteúdos e tornar a leitura mais dinâmica. Conheça a seguir cada uma dessas ferramentas e saiba como elas estão distribuídas no decorrer deste livro para bem aproveitá-las.

CONTEÚDOS DO CAPÍTULO

Logo na abertura do capítulo, relacionamos os conteúdos que nele serão abordados.

APÓS O ESTUDO DESTE CAPÍTULO, VOCÊ SERÁ CAPAZ DE:

Antes de iniciarmos nossa abordagem, listamos as habilidades trabalhadas no capítulo e os conhecimentos que você assimilará no decorrer do texto.

PRESTE ATENÇÃO!
Apresentamos informações complementares a respeito do assunto que está sendo tratado.

MÃOS À OBRA
Nesta seção, propomos atividades práticas com o propósito de estender os conhecimentos assimilados no estudo do capítulo, transpondo os limites da teoria.

PARA SABER MAIS
Sugerimos a leitura de diferentes conteúdos digitais e impressos para que você aprofunde sua aprendizagem e siga buscando conhecimento.

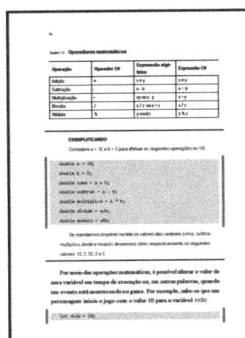

EXEMPLIFICANDO

Disponibilizamos, nesta seção, exemplos para ilustrar conceitos e operações descritos ao longo do capítulo a fim de demonstrar como as noções de análise podem ser aplicadas.

Skorzewiak/Shutterstock

CAPÍTULO 1

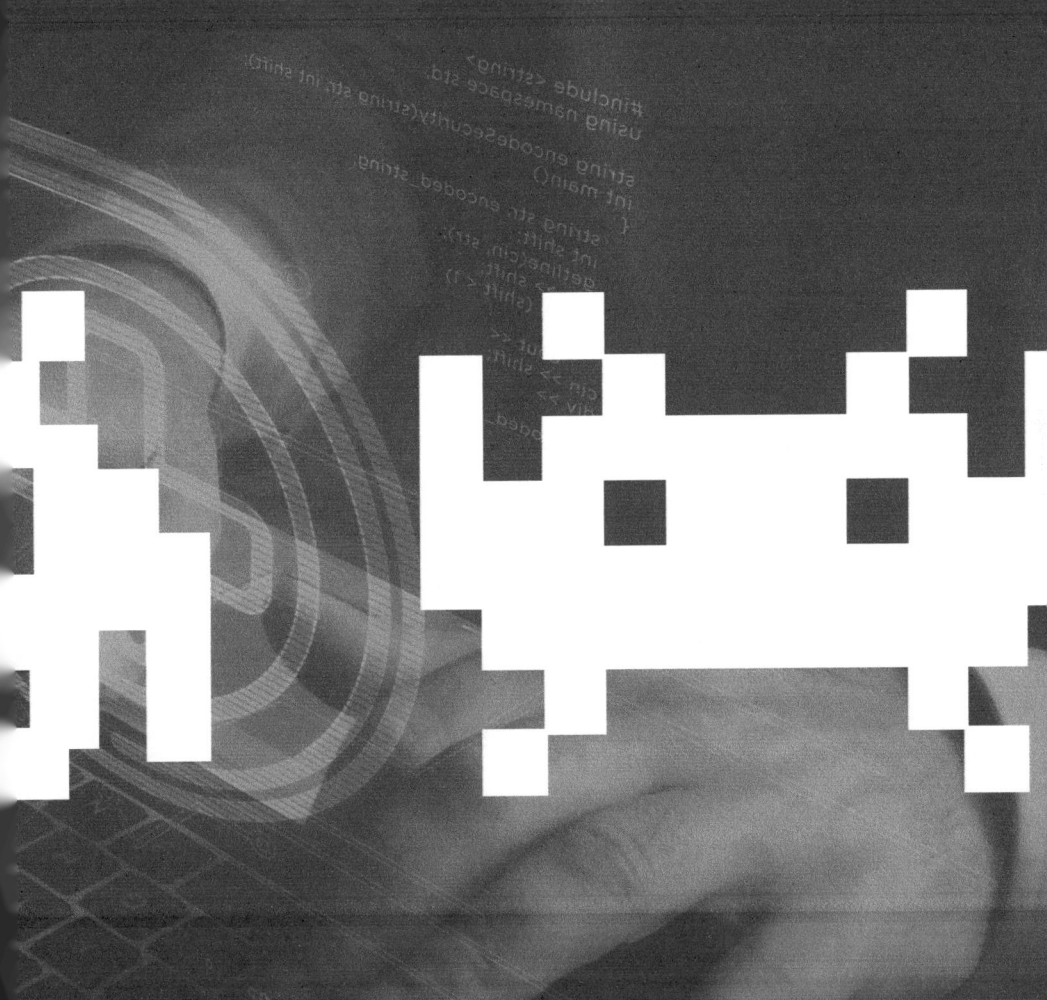

PROGRAMAÇÃO APLICADA A *GAMES*

CONTEÚDOS DO CAPÍTULO
- Algoritmos.
- Linguagem de programação.
- Variáveis.
- Tipos de dados.
- Estruturas de programação.

APÓS O ESTUDO DESTE CAPÍTULO, VOCÊ SERÁ CAPAZ DE:
1. compreender o que são algoritmos;
2. elaborar algoritmos;
3. identificar variáveis;
4. distinguir os tipos de dados;
5. reconhecer algumas estruturas de programação.

O desenvolvimento de habilidades em programação tem sido um diferencial na carreira profissional, principalmente na área técnica. Neste capítulo, abordaremos conceitos de lógica de programação aplicáveis a qualquer linguagem, desde aquelas envolvidas no desenvolvimento de simples operações até os casos considerados mais complexos, como um *game* AAA (ou triplo A). Nessa jornada, trabalharemos a partir da escala zero, passando pelos conceitos pela aplicação desse tema, sem esquecer, porém, que seu desenvolvimento é infinito! Por isso, aproveite nosso apoio didático e procure ir além. Elabore e publique seus jogos, produza um portfólio e comece a criar o diferencial para sua carreira de desenvolvedor. Boa sorte!

1.1 Algoritmos

Com toda certeza, *algoritmo* é uma das palavras que mais ouvimos atualmente. Mas o que é um algoritmo? De forma simples, um algoritmo é um conjunto de instruções que resolvem um problema. Esse conceito pode ser facilmente equiparado a uma receita, pois o algoritmo não representa, obrigatoriamente, um programa de computador, e sim um **conjunto de passos para a resolução de um problema**.

Ao definirmos um algoritmo, dois pontos são muito importantes e devem ser observados: (1) a clareza das instruções a serem executadas e (2) a ordem de execução. Para exemplificar, imaginemos a sequência de passos que é preciso seguir para fazer pão em casa:

1. Pegar duas xícaras de farinha do armário.
» Buscar dois ovos na geladeira.
» Ainda na geladeira, pegar uma xícara de leite.
» Separar uma colher de sopa de fermento.
» Misturar os ingredientes e fazer a massa.
» Dividir a massa em fôrmas e esperar crescer.
» Colocar as fôrmas no forno por 35 minutos.
» Retirar do forno.

Esse exemplo mostra como facilmente executamos algoritmos em diversas situações de nosso dia a dia. Agora, onde mais podemos observar a utilização de algoritmos? Tecnicamente falando, ao considerar que o computador é o responsável por executar muitas de nossas instruções, podemos considerar que estas serão definidas – não exclusivamente – com os seguintes objetivos:

- **Recebimento de dados** – São os *inputs* externos, que podem ser obtidos por meio de console, interface gráfica, arquivos, *joystick*, câmera etc.
- **Processamento dos dados** – Compreende os seguintes itens:
  A. operações matemáticas;
  B. condições para executar ou não os comandos;
  C. operações lógicas e comparações.
  D. repetições: realização de determinadas instruções até que uma condição seja satisfeita.
- **Geração de dados** – Salvamento de resultados parciais e/ou totais do processamento dos dados: em um jogo, o sistema de *save* para posterior *load*.

Pensando especificamente no desenvolvimento de um jogo, para termos um produto rodando, precisamos, pelo menos, realizar os seguintes processos:

- Criar o documento de *game design*.
- Desenvolver elementos de arte e de áudio.
- Programar as mecânicas do *game play*.
- Gerar um arquivo executável, que chamamos de *build* de jogo.

Os passos apresentados servem para o desenvolvimento de um jogo, porém, cada módulo pode se dividir em muitos outros. Nosso foco é desenvolver habilidades para definir estratégias por meio de algoritmos e implementá-los para que possamos dar vida a um produto de jogo. Essa implementação, por sua vez, ocorre mediante a tradução do algoritmo em instruções para o computador; para isso, devemos utilizar linguagens específicas de programação.

1.2 Linguagem de programação

Uma **linguagem de programação** possibilita a definição e a elaboração de instruções que serão executadas por um computador de maneira legível para humanos. Para que o computador execute as instruções, a linguagem de programação é convertida em linguagem de máquina, formada por um conjunto de zeros e uns (números binários).

Em nossa jornada, iremos utilizar a linguagem C#, a qual se pronuncia "*C sharp*". O C# foi desenvolvido e lançado pela Microsoft em 2000. Apesar de ser uma tecnologia da Microsoft, o C# pode ser utilizado em diferentes sistemas operacionais. Para a área de *games*, a linguagem traz vantagens ao desenvolvedor, pois, além de ser multiplataforma, ela se integra também a famosas ferramentas de desenvolvimento de *games*, por exemplo, o Unity.

Vale ressaltar que a lógica de programação se aplica a qualquer linguagem. Logo, sabendo programar, a pessoa pode tranquilamente migrar para outras linguagens usadas no desenvolvimento de jogos, por exemplo, o C++ e o JavaScript.

1.3 Ambiente de desenvolvimento

Para desenvolver programas de computador, inclusive *games*, inicialmente é preciso definir o ambiente de desenvolvimento. Para isso, na maioria das vezes, utilizamos o que chamamos de *IDE*. A sigla *IDE* define o ambiente de desenvolvimento integrado, que, em inglês, significa *Integrated Development Environment* – daí a sigla. Vários IDEs estão disponíveis para programação, suportando diferentes linguagens e plataformas.

A utilização de um IDE facilita a vida do programador, trazendo--lhe muitas vantagens, as quais incluem, por exemplo, o apontamento de erros de sintaxe na escrita do código e até mesmo sugestões de comandos e de termos técnicos específicos.

Em nossa jornada, usaremos o Microsoft Visual Studio como IDE para desenvolvimento na linguagem C#. O Visual Studio, também referido como *VS*, é uma ferramenta robusta para desenvolvimento de *softwares*, permitindo, entre outras funcionalidades, a fácil integração com outros serviços (*cloud*, banco de dados etc.) e ferramentas externas, como o Unity, tratando-se de desenvolvimento de *games*.

O *download* desse IDE é gratuito na versão *community* e pode ser efetuado pelo *site* do Visual Studio[1]. Para o desenvolvimento de programas, o VS aplica o conceito de soluções e projetos, e uma solução pode ser composta por vários projetos distintos. Ao criarmos um projeto, usaremos sempre a opção de gerar uma aplicação do tipo *console application* e a linguagem C#. Esse tipo de aplicação permite criar programas de fácil interação, o que é excelente para praticar. Por padrão, o VS cria no projeto um arquivo chamado *program.cs*, o qual será o ponto de partida de nossa jornada.

Para desenvolvermos especificamente jogos, é possível integrarmos o IDE a uma *game engine* (ou "motor de jogos", em português), que nos auxiliará na condução de dinâmicas específicas da área de *games*. Para desenvolvermos na prática nossos jogos, utilizaremos o Unity, além do VS. O Unity é uma das principais ferramentas empregadas na indústria de jogos. O *download* dessa *game engine* pode ser feito no próprio *site* da ferramenta[2].

PRESTE ATENÇÃO!

Ao instalar o Unity, escolha a última versão estável e a utilize durante todo o semestre de estudo.

---

[1] Disponível em: <https://visualstudio.microsoft.com/>. Acesso em: 16 fev. 2022.
[2] Disponível em: <https://unity3d.com/pt/get-unity/download>. Acesso em: 16 fev. 2022.

1.4 O primeiro programa

Quando criamos um projeto no VS, o arquivo *program.cs* é criado e, assim, já temos um programa que funciona. Por padrão, se executarmos a aplicação, iremos imprimir na tela a mensagem "Hello, World!", a qual é reconhecida na programação como o primeiro teste para verificar que um programa está funcionando, e, a partir de então, podemos evoluí-lo.

> **MÃOS À OBRA**
>
> Execute a aplicação recém-criada e observe a mensagem no *prompt* de comando lhe dando as boas-vindas! Se o programa não executar, fique tranquilo: o VS apresentará uma janela de erros falando que existem problemas para resolver.

Observando a estrutura do programa, podemos destacar duas áreas principais:

1. **Lista de dependências, inseridas com o comando *Using*** – Trata-se de códigos já existentes que oferecem funcionalidades no momento do desenvolvimento da programação.
2. **Área de escrita do código do programa** – É organizada em três níveis de hierarquia definidos pela utilização de chaves { }:
   » `Namespace` – Define o ambiente de trabalho para evitar conflitos de nomenclatura quando se trabalha com diversos programas.
   » `Class` – Representa um conceito que estamos definindo, por exemplo, um personagem, um carro, cadeiras.

» `Main` – É o ponto em que tudo começa. Ao executarmos um programa, é a partir daqui que o VS começará a interpretar as instruções.

1.4.1 Hora de codificar

A função `Main`, como o próprio nome indica, é a função **principal**. Ela é o ponto inicial para qualquer aplicação. Em outras palavras, o programa começa com a primeira instrução apresentada na função `Main` e, a partir daí, segue uma sequência encadeada na qual é possível incluir outras funções. Porém, veremos essa situação mais adiante. Agora, todas as instruções e comandos serão baseados na função `Main`.

Ao observarmos o código padrão, criado automaticamente na função principal para exibir a mensagem "Hello, World!" no console, podemos perceber a utilização do primeiro comando:

```
Console.WriteLine( )
```

Ele é o responsável por escrever a mensagem na tela. Os parênteses após o comando servem para definirmos o texto que queremos imprimir. É importante notar que informações representando um texto são sempre apresentadas entre aspas duplas. Além disso, após cada comando, devemos fechá-lo com um **ponto e vírgula** (;). Todos esses detalhes são facilmente identificáveis na instrução para impressão da mensagem na tela:

```
Console.WriteLine("Hello, World!");
```

Outra funcionalidade muito interessante durante o processo de codificação é a inserção de comentários. Um comentário pode ser útil, por exemplo, para documentar a funcionalidade que está sendo escrita ou até mesmo evidenciar observações do desenvolvedor. Podemos utilizar comentários de duas maneiras: (1) comentando apenas uma linha ou (2) comentando um bloco de linhas. Vale lembrar que áreas do código que estão comentadas são ignoradas pelo compilador no momento de executar o sistema. Um exemplo prático da utilização de comentários pode ser visto na figura a seguir, na qual se encontra detalhado um primeiro programa.

Figura 1.1 - **Estrutura básica de um programa**

```
using system;

//duas barras permitem um comentário em uma linha :)
//itens comentados não são considerados pelo compilador
namespace basicCS
{
    class MainClass
    {
            public static void Main(string[] args)
{
    Console.WriteLine(Hello, World!)
            }
    }
}
/* Também existe o comentário em bloco.
 * Dessa forma, podemos comentar várias linhas e
 * esta área será ignorada pelo compilador
 */
```

PARA SABER MAIS

RÖSLER, W. **The Hello World Collection**. Disponível em: <http://helloworldcollection.de/>. Acesso em: 16 fev. 2022.

Confira como a lógica de programação, utilizando o exemplo "Hello, World!", mantém-se independente da linguagem. O *site* indicado apresenta mais de 600 implementações desse exemplo em diferentes linguagens.

MÃOS À OBRA

Agora é com você. Modifique a mensagem e imprima novas informações na tela.

1.5 Variáveis

As **variáveis** representam um conceito muito importante no desenvolvimento de qualquer programa, independentemente da linguagem utilizada. Podemos definir uma variável como sendo um espaço na memória do computador, quase uma gaveta, no qual guardamos os dados que o programa utiliza em sua execução. Esses dados, que podem ser números, textos, entre outros tipos, são obtidos de diferentes formas: podem ser informados pelos usuários ou gerados automaticamente. Em um jogo, por exemplo, o jogador aperta o botão *play* e uma variável é atualizada para dizer que o jogo deve ser iniciado; ou, então, o placar que é exibido na tela também é armazenado em uma variável.

> **PRESTE ATENÇÃO!**
> Imagine uma variável como uma gaveta disponível para guardar algo. Isso quer dizer, tecnicamente falando, que uma variável é um espaço na memória do computador que está definido e pronto para alocar determinada informação.

Um ponto importante sobre as variáveis é que elas são utilizadas para armazenar **dados temporários**. Em outros termos, as variáveis deixam de existir quando o jogo é finalizado e as informações são perdidas. Entretanto, também há a possibilidade de se trabalhar com **dados persistentes**, ou seja, aqueles que serão novamente utilizados quando o jogador voltar ao jogo (por exemplo, dados do *player*, *scores* anteriores etc.). Para esse tipo de dado, pode-se trabalhar com diferentes mecanismos de armazenamento, como arquivos (um arquivo .txt, por exemplo) ou um banco de dados – que pode estar configurado em um servidor remoto.

Resumindo, variáveis podem armazenar dados de diferentes tipos, como palavras, letras ou números. Dessa forma, é necessário sempre definir que tipo de dado a variável irá guardar durante a execução da aplicação. A maneira de se declarar uma variável é a seguinte:

```
<tipoDeDado> <nomeDaVariavel> <inicialização>;
```

Para exemplificarmos a utilização de variáveis na prática, iremos atualizar o exemplo criado anteriormente com a expressão "Hello, World!", inserindo previamente ao comando de impressão a seguinte linha de código:

```
string playerName = "Albert";
```

Em seguida, atualizaremos a linha de impressão da seguinte maneira:

```
Console.WriteLine(playerName);
```

A partir de então, quando executarmos a aplicação, o nome *Albert* será apresentado na tela.

Com essa simples atualização, definimos uma variável do tipo texto (`string`) chamada `playerName` e a inicializamos com o valor que representa o nome do jogador (Albert). Dessa maneira, quando nos referirmos a essa variável, estaremos nos reportando ao nome *Albert*.

Entretanto, o nome do jogador é uma informação dinâmica, ou seja, varia a cada vez que alguém diferente joga o *game*. Com isso, podemos observar uma característica das variáveis: nem sempre é possível ou necessário definir o valor armazenado na variável quando é feita sua definição. Considerando-se o nome do jogador, é necessário que exista uma maneira de se solicitar essa informação ao usuário no tempo de execução. Para isso, pode-se imprimir uma mensagem solicitando o nome e, em seguida, armazenar essa informação em uma variável. A seguinte instrução permite que o usuário digite no *prompt* de comando, ao iniciar a aplicação, seu nome:

```
playerName = Console.ReadLine( );
```

A seguir, apresenta-se o código completo, que imprime uma mensagem na tela mostrando o nome digitado. Assim, podemos atualizar a função `Main` para que fique conforme a Figura 1.2.

Figura 1.2 – **Atualização da função *Main***

```
public static void Main(string[] args)
{
    string playerName;

    Console.WriteLine("Nome do jogador: ");
    playerName = Console.ReadLine( );

    Console.WriteLine("Hello, " + playerName);
}
```

PRESTE ATENÇÃO!
Não é possível definir o valor de uma variável antes que ela seja declarada. O compilador não permite isso.

1.5.1 Tipos de dados

Além de variáveis do tipo *texto* (*String*) que temos utilizado até o momento, a linguagem C# permite definir outra considerando-se um grande conjunto de tipos de dados (Wagner; Olprod, 2021). A seguir, apresentamos os principais tipos de dados utilizados no desenvolvimento de *games*.

Dados de caracteres

São dados do tipo *char*, definidos para armazenar caracteres de texto. Apenas um caractere é armazenado em uma variável desse tipo, por exemplo:

```
char simbolo = '#';
```

Um detalhe muito importante sobre a forma de definição de dados desse tipo é que caracteres sempre são definidos entre aspas simples, diferentemente de um dado de *texto* (*string*), que aparecem entre aspas duplas. Um exemplo mostrando a diferença na utilização de variáveis char e string está ilustrado na figura seguir.

Figura 1.3 - **Uso das variáveis *char* e *string***

```
string palavra = "abacaxi";
char simbolo = '#';
Console.WriteLine("Variavel de texto: " + palavra);
Console.WriteLine("Variavel Caracter: " + simbolo);
```

MÃOS À OBRA

Observe o exemplo mostrado na Figura 1.3 e teste você mesmo em sua IDE.

Dados booleanos

São definidos como sendo do tipo *bool*, usados para representar situações de verdadeiro e falso. Podemos usar esse tipo de variável para saber se o *player* está vivo ou morto, por exemplo. A definição ocorre da seguinte maneira:

```
bool playerIsAlive = true;
```

Dados numéricos com diferentes aplicações
Esses dados dividem-se nos itens a seguir.

- **Números inteiros** – São variáveis do tipo *int* (*integer*) e armazenam números inteiros, ignorando qualquer definição decimal que possa ser informada.
- **Números reais** – Armazenam números reais, ou seja, com valores decimais; são chamados de *pontos flutuantes* e, na linguagem C#, podem ser definidos das seguintes formas:
  » **Decimal** – É indicado para armazenar valores financeiros ou monetários. Deve ser sempre a escolha de variáveis financeiras, visto que é um tipo de dado oferecido pela linguagem C# e desenvolvido com um maior nível de precisão, evitando, assim, problemas de arredondamento que possam causar erros críticos nos cálculos efetuados pela aplicação.

PRESTE ATENÇÃO!

É preciso muita atenção ao utilizarmos o tipo **decimal**, principalmente ao trabalharmos com valores monetários que especifiquem centavos. Por exemplo, a seguinte declaração irá causar um erro:

```
decimal custo = 1.99
```

Isso acontece porque a linguagem identifica esse valor, implicitamente, como do tipo **double**, entretanto, podemos utilizar a letra *m* para especificar que realmente queremos trabalhar com valores monetários. Dessa forma, não teremos problema se utilizarmos o seguinte comando:

```
custo = 1.99m
```

Double* e *float – Também são utilizados para armazenar números decimais, sendo diferenciados pelo nível de precisão. Por definição, utiliza-se o double como o padrão na linguagem C#. Dessa forma, utilizamos a letra *f* para indicar que queremos trabalhar com o tipo ***float***:

```
float dano = 0.5f
```

PRESTE ATENÇÃO!

Ao trabalharmos com números reais, devemos lembrar que as linguagens de programação utilizam o padrão americano, ou seja, um ponto como indicador do valor decimal, por exemplo:

```
double pi = 3.14
```

Um comparativo entre os tipos de dados numéricos está mapeado na Tabela 1.1. Essa informação e muitos outros detalhes referentes aos tipos de dados numéricos encontram-se detalhados na documentação oficial da linguagem C#, disponibilizada pela Microsoft (Wagner; Olprod, 2022).

Tabela 1.1 – **Diferenças entre dados numéricos *ponto flutuante***

palavra-chave/ tipo C#	[...]	Precisão	Tamanho [em memória]	[...]
float	[...]	~ 6 a 9 dígitos	4 bytes	[...]
double	[...]	~ 15 a 17 dígitos	8 bytes	[...]
decimal	[...]	28 a 29 dígitos	16 bytes	[...]

Fonte: Wagner; Olprod, 2022.

PRESTE ATENÇÃO!

A linguagem C# permite a declaração de variáveis do tipo ***var***. Nesse caso, o tipo é atribuído implicitamente pelo compilador com o valor mais apropriado. Por exemplo, tomemos o seguinte comando:

```
var teste = "casa"
```

Essa instrução fará com que a variável chamada ***teste*** seja considerada ***string***. Esse processo é chamado *definição implícita*, ao passo que o método de definição de variáveis apresentando diretamente o tipo de dado é considerado *definição explícita*.

1.5.2 Declaração de variáveis

O comando básico para efetuar a declaração de uma variável consiste em definir o tipo de dado que se quer armazenar, bem como o nome da variável:

```
<tipo> <nome>;
```

Opcionalmente, também é possível inicializar a variável atribuindo-lhe um valor:

```
<tipo> <nome> = <valor inicial>;
```

O quadro a seguir apresenta uma série de exemplos de declaração e de inicialização de variáveis. Aproveite para verificar se você concorda e se faria as definições da mesma maneira.

Quadro 1.1 – **Inicialização de variáveis com exemplos**

Objetivo	Declaração sem inicialização	Declaração de inicialização
Um nome	string nome;	string nome = "Albert";
Uma idade	int idade;	int idade = 24;
Se o personagem está vivo ou morto	bool vivo;	bool vivo = true;
Número de vidas de um personagem	int numVidas;	int numVidas = 7;
Capacidade, em litros, de um tanque	double capacidade;	double capacidade = 50;
Velocidade de um carro	double velocidade;	double velocidade = 80;
Se um carro é *hatch* ou *sedan*	char tipoCarro;	char tipoCarro = 'h'; char tipoCarro = 's';
Se um animal é carnívoro, herbívoro ou onívoro	char tAnimal;	char tAnimal = 'C'; char tAnimal = 'H'; char tAnimal = 'O';
Valor de um item	decimal valor;	decimal valor = 1.99m;
Se um item está bloqueado ou não	bool disponivel;	bool disponivel = true;
A posição em *x* e *y* do personagem na tela	double pos x; double pos y;	double pos x = 0.5; double pos y = 12.2;

(continua)

(Quadro 1.1 – conclusão)

Objetivo	Declaração sem inicialização	Declaração de inicialização
O ângulo de rotação de um objeto na tela	double angulo;	double angulo = 45.5;
Uma cor	string cor;	string cor = "verde";
Se uma peça precisa ser descartada ou não	bool descarte;	bool descarte = false;

PRESTE ATENÇÃO!

Defina nomes de variáveis que façam sentido e facilitem o entendimento do código por outros desenvolvedores. Sempre que possível, siga as seguintes dicas:

- Evite utilizar *underline*.
- Inicie a variável com caixa-baixa.
- Evite utilizar todas as letras em caixa-alta.

Variáveis booleanas, quando não inicializadas, são consideradas falsas.

Ao definir o valor de um tipo **char**, um caractere em caixa-alta é diferente do mesmo caractere em caixa-baixa, ou seja: 'A' é diferente de 'a'.

1.5.2.1 Padrões de nomenclatura

Existem diferentes convenções que podem ser adotadas para padronizar a nomenclatura dos elementos que são criados durante a programação. A Microsoft sugere seguir em C# dois padrões de convenções, que podem ser aplicados sem problemas em qualquer outra linguagem (Cwalina; Olprod, 2021):

- **Pascal Case** – Consiste em iniciar cada palavra com a primeira letra em caixa-alta. Deve-se utilizar esse padrão quando se definem classes e métodos. Por exemplo:

```
MinhaFuncaoBasica( );
```

- **Camel Case** – Consiste em iniciar cada palavra com caixa-baixa; porém, caso exista uma segunda palavra na definição do nome da variável, deve-se utilizar a primeira letra desta (e das demais) palavra em caixa-alta. Por exemplo:

```
int minhaVariavel;
```

Além do padrão para a nomenclatura das variáveis, é necessário observar que nem todas as palavras podem ser utilizadas para nomear uma nova variável. O C#, bem como qualquer outra linguagem de programação, apresenta algumas palavras reservadas ou palavras-chave com significado especial para o compilador. Trata-se, por exemplo, de comandos. Vejamos, a seguir, a relação de palavras-chave que não podem ser utilizadas para nomear uma nova variável.

Quadro 1.2 – **Palavras-chave reservadas na linguagem C#**

abstract	as	base	bool	break	byte
case	catch	char	checked	class	const
continue	decimal	default	delegate	do	double
else	enum	event	explicit	extern	false
finally	fixed	float	for	foreach	goto
If	implicit	in	int	interface	internal

(continua)

(Quadro 1.2 – conclusão)

is	lock	long	namespace	new	null
object	operator	out	override	params	private
protected	public	readonly	ref	return	sbyte
sealed	short	sizeof	stackalloc	static	string
struct	switch	this	throw	true	try
typeof	uint	ulong	unchecked	unsafe	ushort
using	virtual	void	volatile	while	

Fonte: Elaborado com base em Cavalini, 2017.

1.5.3 Operações matemáticas

Por meio de uma linguagem de programação, é possível realizar operações matemáticas. Nesse sentido, vamos começar com a divisão (/), seguindo o pensamento previamente apresentado a respeito da precisão de dados numéricos. Um exemplo de utilização da divisão de valores é apresentado a seguir. Todos os códigos realizam a mesma operação matemática de divisão, entretanto, em razão do tipo de variável utilizado, o nível de precisão do resultado obtido é diferenciado.

Figura 1.4 – **Divisão de valores**

```
int int1 = 4;
int int2 = 3;
int divideInt = int1 / int2;
Console.WriteLine(divideInt);
//Resultado:1
```

```
float float1 = 4;
float float2 = 3;
float divideFloat = float1 / float2;
Console.WriteLine(divideFloat);
//Resultado: 1.333333;

double double1 = 4;
double double2 = 3;
double divideDouble = double1 / double2; Console.
WriteLine(divideDouble);
//Resultado: 1.33333333333333;

decimal decimal1 = 4;
decimal decimal2 = 3;
decimal divideDecimal = decimal1 / decimal2; Console.
WriteLine(divideDecimal);
//Resultado: 1.3333333333333333333333333333;
```

Os operadores matemáticos permitem a implementação de operações matemáticas em um jogo. Vejamos, no quadro a seguir, os operadores matemáticos e exemplos de sua utilização.

Quadro 1.3 – **Operadores matemáticos**

Operação	Operador C#	Expressão algébrica	Expressão C#
Adição	+	x + y	x + y
Subtração	−	a − b	a − b
Multiplicação	*	xy ou x . y	x * y
Divisão	/	x / z ou x ÷ z	x / z
Módulo	%	y mod z	y % z

EXEMPLIFICANDO

Considere a = 10 e b = 5 para efetuar as seguintes operações no VS:

```
double a = 10;
double b = 5;
double soma = a + b;
double subtrai = a - b;
double multiplica = a * b;
double divide = a/b;
double modulo = a%b;
```

Se mandarmos imprimir na tela os valores das variáveis **soma**, **subtrai**, **multiplica**, **divide** e **modulo**, deveremos obter, respectivamente, os seguintes valores: 15, 5, 50, 2 e 0.

Por meio das operações matemáticas, é possível alterar o valor de uma variável em tempo de execução ou, em outras palavras, quando um evento está acontecendo no *game*. Por exemplo, sabe-se que um personagem inicia o jogo com o valor 10 para a variável *vida*:

```
int vida = 10;
```

Assim, pode-se considerar que esse valor diminui quando o personagem encosta em um inimigo. Logo, em algum momento do código, poderá existir o seguinte comando:

```
vida = vida -1 ;
```

Nesse caso, a variável passa a armazenar o valor atualizado da vida.

1.5.3.1 Regras de precedência em operações matemáticas

Quando se programa uma expressão matemática, é muito importante ter atenção à precedência das operações e à ordem dos cálculos que serão executados.

Analisamos uma expressão sempre da esquerda para direita, priorizando a seguinte ordem:

- Suboperações entre parênteses.
- Operações de multiplicação e de divisão.
- Operações de soma e de subtração.

Tomemos como base a seguinte expressão:

$$z = p * (r + q) + w / x - y$$

Nesse caso, temos a seguinte ordem de execução das operações:

1. **(r + q)** [= item 1];
2. **w / x** [= item 2];
3. **p * [item 1]** [= item 3];
4. **[item 3] + [item 2] − y**;

1.6 Estrutura de seleção *if/else*

Ao interpretar o código, o compilador segue a sequência de instruções definidas. Entretanto, pode haver situações nas quais nem todos os comandos devem ser executados. Por exemplo, o professor pode definir que o aluno está aprovado se sua nota for maior ou igual a 6.0; caso contrário, está reprovado. Vejamos, a seguir, um exemplo de utilização desse comando.

Figura 1.5 – **Nota do aluno**

```
double nota;
Console.WriteLine("Informe sua nota: ");
nota = Convert.ToDouble(Console.ReadLine( ));
if(nota >= 6)
{
    Console.WriteLine("Voce foi aprovado");
}
else
{
    Console.WriteLine("Voce foi reprovado");
}
```

Observe que, dessa forma, o programa imprimirá "Voce foi aprovado" se for verdadeira a condição do comando *If* e, ao contrário, imprimirá a mensagem "Voce foi reprovado". A estrutura padrão do comando é apresentada a seguir. Observe a possibilidade de unirmos *If* e *Else* em um novo comando: *Else If*.

Quadro 1.4 – **Estrutura dos comandos If e Else de forma simples, composta e encadeada**

Estrutura simples	Estrutura composta	Estrutura encadeada

if (<condição>)
{
   <comandos>
}
	if (<condição>)
	{
	   <comandos>
	}
	else
	{
	   <comandos>
	}
		if (<condição>)
		{
		   <comandos>
		}
		else if (<condição>)
		{
		   <comandos>
		}
		else if (<condição>)
		{
		   <comandos>
		}
		...
		else
		{
		   <comandos>
		}

A utilização da estrutura condicional encadeada, apresentada no Quadro 1.4, permite programar situações ainda mais diferentes. Seguindo a mesma linha de raciocínio do exemplo anterior, vamos supor agora que o aluno tenha oportunidade de realizar um exame e seja reprovado, porém com média maior do que 4.0. Vejamos como ficaria a evolução do código nesse caso.

Figura 1.6 – **Nota do aluno reprovado**

```
if(nota >= 6)
{
    Console.WriteLine("Voce foi aprovado");
}
else if(nota >=4)
{
    Console.WriteLine("Voce precisa fazer o exame");
}
else
{
    Console.WriteLine("Voce foi reprovado");
}
```

1.6.1 Operadores

A utilização de operadores permite que expressões condicionais mais complexas sejam definidas e validadas. Assim como as demais linguagens de programação, o C# permite que os operadores sejam utilizados conforme exemplificado no quadro a seguir.

Quadro 1.5 – **Operadores relacionais e de igualdade**

Tipo de operador	Operador algébrico	Comando C#	Exemplo	Significado
Relacional	>	>	a > b;	a é maior que b
	<	<	a < b;	a é menor que b
	≥	>=	a >= b;	a é maior ou igual a b
	≤	<=	a <= b;	a é menor ou igual a b

(continua)

(Quadro 1.5 - conclusão)

Tipo de operador	Operador algébrico	Comando C#	Exemplo	Significado
Igualdade	=	==	a == b;	*a* é igual a *b*
	≠	!=	a != b;	*a* não é igual a *b*

PRESTE ATENÇÃO!

Observe que [a == 5] não é a mesma coisa que [a = 5]. No primeiro caso, realmente estamos efetuando uma comparação, que pode ser utilizada em um comando condicional, enquanto no segundo estamos atribuindo o valor 5 à variável *a*.

Outra categoria de operadores muito útil, especialmente na definição de condicionais, diz respeito aos **operadores lógicos**. Essa categoria permite definir expressões que utilizem os operadores E e OU. Vejamos no quadro a seguir a especificação desses operadores.

Quadro 1.6 – **Operadores lógicos**

Operador lógico	Comando C#	Exemplo	Significado
E	&&	if (a && b)	As condições *a* e *b* devem ser atendidas para entrarmos no if
OU	||	if (a || b)	Ao menos uma das condições deve ser atendida para entrarmos no if

Os operadores lógicos podem ser aplicados nas seguintes situações:

- Quando se deseja garantir que duas condições sejam verdadeiras:

```
if (sexo == 'F' && idade >= 65
    Console.WriteLine("É uma senhora de meia idade");
```

Para se determinar intervalos de valores:

```
if (imc >= 25 && imc <= 30)
{
Console.WriteLine("Está acima do peso!")
    sobrepeso = true;
}
```

- Para garantir que determinado trecho de código será executado se qualquer uma ou ambas as condições sejam verdadeiras. Nesse caso, há dois exemplos:

1. Qualquer uma ou ambas as condições podem ser verdadeiras:

```
if ( mediaFinal < 6.0 || frequencia < 0.75)
aprovado = false;
```

2. Apenas uma condição pode ser verdadeira:

```
if (imc < 18.5 || imc > 25)
Console.WriteLine("Fora do normal");
```

PRESTE ATENÇÃO!

Observe os exemplos com apenas uma linha após o *if*. Nesses casos, não é necessário que o bloco esteja em chaves. Em situações desse tipo, o compilador considera as duas linhas como um comando único, iniciando no *If* e terminando no ponto e vírgula.

1.6.1.1 Operador de atribuição condicional

O operador ? pode ser utilizado para que, ao definir-se alguma condição utilizando *If/Else*, seja possível atualizar o valor da variável usada no *If*. Por exemplo, consideremos a seguinte expressão:

```
a = (a>5)? 10 : 50;
```

Podemos escrever o bloco de comandos assim:

```
if(a>5)
    a = 10;
else
    a = 50;
```

1.6.2 Números pseudoaleatórios

Para esta seção, vamos imaginar um jogo em que o computador escolhe um número entre 0 e 9 e o jogador deve adivinhar qual foi o número selecionado. Esse é um exemplo clássico de programação que utiliza a estrutura *If/Else*. Porém, antes de tudo, é necessário entender como o C# trabalha com a geração de números.

Para trabalhar com números aleatórios, é necessário utilizar a classe Random. O processo de geração de números aleatórios tem início considerando-se um valor de semente (*seed*), e, sempre que a mesma semente for usada, a mesma sequência de números será gerada. Por conta dessa propriedade, é comum falarmos que se trata de *números pseudoaleatórios*.

Números pseudoaleatórios são escolhidos com probabilidade igual em um conjunto finito de números. Os valores selecionados não são completamente aleatórios porque um algoritmo matemático definido é usado para a escolha, mas são suficientemente randômicos para fins práticos (Macoratti, 2012).

Para garantir, então, a variabilidade dos números gerados, frequentemente a semente é definida em relação ao tempo. Com isso, a cada execução do programa, valores diferentes serão criados. Esse processo é padrão para a geração de números aleatório no C#. Vejamos, em duas linhas de código, como é possível gerar um número entre 0 e 9:

```
Random randNum = new Random( );
int secretNumber = randNum.Next(10);
```

Na primeira linha, é definido um gerenciador randNum que coordenará o processo de geração de números. Esse gerenciador diz respeito à classe Random; por isso, da mesma forma que uma variável, é criado um objeto chamado *randNum*, que se refere às possibilidades oferecidas pela classe Random.

Na segunda linha do código exemplificado é que a mágica acontece. Nela, é definida uma variável para armazenar o valor gerado e executado o seguinte comando de geração:

```
randNum.Next( );
```

Nessa segunda linha, o número 10, entre parênteses, está definindo que se deseja gerar um valor entre 10 possibilidades, ou seja, entre 0 e 9.

MÃOS À OBRA

Considere as duas linhas de comando para a geração de números aleatórios. Agora, adicione uma terceira linha com o comando para imprimir o valor gerado:

```
Console.WriteLine(secretNumber);
```

Execute o programa várias vezes e veja como o número gerado é diferente a cada execução. Em seguida, altere o valor de semente (*seed*) e o insira na primeira linha, ao declarar o gerenciador. O comando ficará assim:

```
Random randNum = new Random(82);
```

Observe que, agora, a qualquer execução do programa, será gerado o mesmo número. Você pode definir o número que quiser para ser a semente, pois, nesse caso, ela não é considerada em função do tempo, mas com um valor fixo.

1.6.3 Implementação da lógica do jogo de adivinhação

Considerando-se a capacidade de gerar números aleatórios, é possível a implementação da lógica do jogo da adivinhação. Após o computador gerar o número secreto, o usuário é convidado a "chutar" um valor. Por fim, o programa deve apresentar o resultado, informando se o jogador acertou ou errou o número. Quando houver erro, deve ser apresentado qual foi o número selecionado.

Seguindo o exemplo do jogo de adivinhação, depois de gerado o número secreto, deve-se solicitar ao usuário seu palpite. Para isso, devem-se usar dois comandos: um para fazer a pergunta e outro para armazenar o valor digitado pelo usuário em uma variável criada na mesma linha, conforme o exemplo a seguir.

```
Console.WriteLine("Qual seu palpite?");
int guess = int.Parse(Console.ReadLine( ));
```

Agora é a hora de colocar a cereja no bolo! Com duas variáveis já definidas (o número secreto gerado pelo computador e o palpite apresentado pelo usuário), é possível fazer a comparação dos valores e apresentar o resultado. Na sequência de seu código, deve-se aplicar os seguintes comandos e testar o jogo:

```
if(guess == secretNumber)
{
     Console.WriteLine("Parabens! Voce acertou o numero secreto!");
}
else
{
     Console.WriteLine("Voce errou. O numero secreto eh: " + secretNumber);
}
```

Chegamos ao fim do capítulo e você já criou seu primeiro jogo. Mostre para seus amigos, pense em novas regras e evolua seu produto. Agora, é com você. Mãos à obra!

ArtBackground/Shutterstock

CAPÍTULO 2

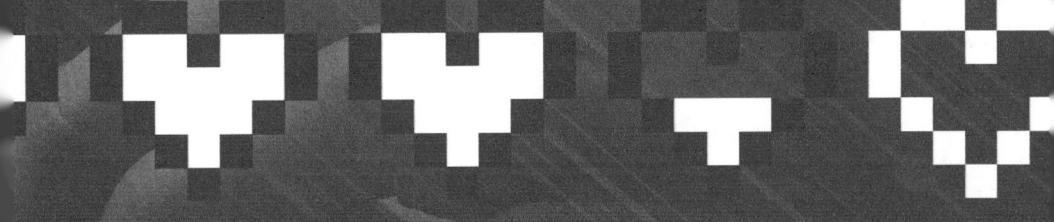

LINGUAGEM C#

Conteúdos do capítulo
- Linguagem C#.
- Comandos importantes da linguagem C#.
- Funções.
- Passagem de parâmetro por valor e referência.
- *Arrays* ou vetores.

Após o estudo deste capítulo, você será capaz de:
1. compreender a linguagem C#;
2. identificar os principais comandos da linguagem C#;
3. elaborar programas básicos;
4. criar jogos em modo texto;
5. reconhecer a importância da programação.

Nesta unidade, vamos trabalhar os demais conceitos básicos necessários em programação na linguagem C#. Para isso, seguiremos com diversos exemplos e iremos evoluir o jogo de adivinhação criado no capítulo anterior.

O objetivo é que você seja capaz de identificar o melhor conceito para resolver cada situação do jogo, bem como combinar conceitos diferentes.

Bons estudos!

2.1 Comando *While*

O comando *While* é utilizado para criar uma estrutura de repetição, também chamada de *laço* ou *loop de repetição*. Fazendo uma analogia com uma situação do mundo real, podemos pensar que esse comando retrata uma ida ao supermercado: quando compramos o primeiro item da lista de compras e depois o riscamos, tornando o próximo item o primeiro. Repetimos essa ação até os itens da lista estarem todos riscados.

Tecnicamente falando, o comando *While* é utilizado quando se pretende criar uma estrutura e não se sabe por quantas vezes ela deverá se repetir. Além disso, as repetições deixarão de acontecer quando a condição inicial se tornar falsa. A estrutura básica do comando é a seguinte:

```
while ( <condição> )
{
<comandos>
}
```

Um ponto importante a ser observado é que, dentro do *loop*, deve-se alterar as informações para que, em algum momento, a condição definida no *While* se torne falsa e evite que o programa entre em uma repetição infinita. Para isso, muitas vezes é necessário utilizar uma variável de controle. Por exemplo, se quisermos fazer um programa que imprima os números de 1 a 10 na tela, podemos definir uma variável de controle para nos auxiliar. Vejamos, a seguir, o exemplo para verificar a utilização da variável de controle definida como contador.

```
int contador = 1; // Sempre inicialize o contador
while (contador <=10)
        {
                    Console.WriteLine(contador.ToString(
));
    contador++;
            }
```

PRESTE ATENÇÃO!

O operador **++** é uma boa prática para quando queremos incrementar valores. O comando *Contador++* significa que estamos somando 1 ao valor que já temos armazenado nessa variável; o mesmo resultado seria obtido com o comando *Contador = Contador + 1* ou, ainda, *Contador += 1*.

2.1.1 O *loop* do *game*

Pensando em um jogo, o principal laço de repetição é o *loop* do *game play*. Em outras palavras, esse *loop* controla o jogo enquanto este estiver rodando. Assim, todo o jogo é executado dentro de um grande *loop* (Ferrone, 2019).

Por exemplo, para criarmos o *loop* do *game*, podemos adotar o seguinte:

```
bool gameIsRunning = true;
while (gameIsRunning)
{
        //Comandos a serem repetidos
        If (<condição de derrota>)
                gameIsRunning = false;
}
```

Observe que, dentro do bloco de comandos repetidos pelo *While*, existe uma condição (*If*), que tem a importante função de modificar a variável que está sendo utilizada na especificação do laço e que será responsável por finalizar o ciclo de repetições.

O conceito do *loop* de jogo pode ser facilmente relacionado ao jogo de adivinhação que criamos no capítulo anterior. Lá, o jogo era encerrado após um único palpite. Podemos utilizar o comando *While* e criar um *loop* para que o jogo só termine quando o jogador acertar o número secreto.

MÃOS À OBRA

Pense um pouco em como você poderia evoluir o jogo de adivinhação para adicionar o *loop* do *game* utilizando o *While*. A regra é que o jogador possa dar palpites até descobrir o número secreto.

Vejamos, a seguir, como implementar essa funcionalidade. Se você adotou uma solução diferente, não se preocupe. Lembre-se de que é possível resolver um problema de várias maneiras.

Figura 2.1 – **Evolução do jogo de adivinhação**

```
Random randNum = new Random( );
int secretNumber = randNum.Next(10);

bool gameIsRunning = true;
while (gameIsRunning)
{
    Console.WriteLine("Qual seu palpite?");
    int guess = int.Parse(Console.ReadLine( ));

    if (guess == secretNumber)
    {
        Console.WriteLine("Parabens! Voce acertou");
        gameIsRunning = false;
    }
    else
    {
        Console.WriteLine("Errado! Tente novamente.");
    }
}
```

É importante observar as linhas destacadas no código apresentafo na Figura 2.1. Elas são pontos-chave para o funcionamento do *loop* do *game*:

1. **Declaração da variável de controle** – É importante que, além de declarada, a variável de controle seja iniciada, para que, num primeiro momento, a condição do *While* seja falsa e permita a entrada no *loop*.
2. **Definição do *loop*** – É o momento em que é especificada a condição do *While*, que será responsável por controlar as situações do jogo.
3. **Alteração da variável de controle** – É a operação na qual é executado o comando a seguir, que se trata da última repetição, depois da qual a estrutura sai do bloco de repetição:

```
gameIsRunning = false;
```

Porém, existem algumas situações nas quais não é possível definir uma condição do *While* que permita a entrada no *loop*. Em outras palavras, pode ocorrer um laço de repetição que não seja executado nenhuma vez, em razão do não cumprimento da condição. A seguir, veremos como evitar essa situação com o comando *Do-While*.

2.2 Comando *Do-While*

O comando *Do-While* é similar ao *While*, descrito anteriormente, e é utilizado para a definição de blocos de comandos a serem repetidos. Entretanto, o *Do-While* assevera que o bloco de comandos seja executado pelo menos uma vez.

A garantia de que o bloco de comandos será executado pelo uma vez deve-se ao fato de que a condição de repetição é especificada no final do bloco, diferentemente do que ocorre no comando *While*, em que a especificação da condição é a primeira questão a ser resolvida. Vejamos, a seguir, a estrutura básica do comando *Do-While* para observar a diferença em relação ao comando *While*.

```
do
{
    <comandos>
} while ( <condição> );
```

Um exemplo de aplicação desse conceito pode ser observado quando se deseja executar um menu que permita a navegação entre as telas do jogo.

MÃOS À OBRA

Analise o fragmento de código a seguir no qual criamos um menu com a opção de iniciar o jogo ou sair.

```
char op;
do
{
    Console.WriteLine("P - Play Game");
    Console.WriteLine("S - Sair");
    Console.WriteLine("Informe sua escolha: ");
    op = char.Parse(Console.ReadLine( ));
} while (op != 'S');
```

Veja que a variável *op* está recebendo um caractere que é usado na condição *Do-While*. Lembre-se de que o tipo de dado **char** diferencia maiúsculas de minúsculas; logo, é interessante tratarmos isso em nossa condição utilizando o comando *E*. Para contemplar essa situação, basta atualizar a condição *Do-While* da seguinte forma:

```
while (op != 'S' && op!='s');
```

MÃOS À OBRA

Agora é com você! Implemente esse menu no jogo de adivinhação e, a partir deste instante, em todos os seus *games*.

2.3 Comando *Switch*

O comando *Switch* é utilizado para verificações de condições, similarmente ao comando *If* (Deitel; Deitel, 2005). Esse comando permite realizar várias ações diferentes, baseadas nos possíveis valores de uma variável. Vejamos sua estrutura básica:

```
switch (<variável>)
{
case < valor >:
    // comandos
    break;
        default:
            //tratamento de exceções não mapeadas
}
```

Para cada possível valor, deve-se definir um caso que contemple os comandos a serem utilizados. Por exemplo:

> Caso o jogador digite P, inicie o jogo ou caso o jogador digite S, finalize o jogo.

O comando *Switch* pode ser caracterizado como um comando de seleção múltipla. Ele permite a possibilidade de simplificar o código, principalmente por meio da redução de *If/Else* encadeados que normalmente haveria se a opção fosse utilizar o comando *If*.

O conceito de seleção múltipla pode ser facilmente observado quando se cria o menu do jogo de adivinhação. No exemplo a seguir, há dois *cases* que apontam para o mesmo destino, sendo um para a letra em caixa-alta e outro para a letra em caixa-baixa.

```
switch (op)
    {
                case 'P':
        case 'p':
        // comandos do jogo
        break;
        case 'S':
        case 's':
          console.WriteLine("Obrigado por jogar");
        break;
        default;
          console.WriteLine("Opcao Invalida");
        break;
    }
```

Seguindo essa linha de raciocínio, todo o código do jogo estaria dentro do *case 'P'/'p'*. A correta estruturação dos casos, nesse exemplo, permite, desde o início, o desenvolvimento da navegação entre as telas do jogo (por meio dos casos específicos), tratando pontos importantes além do *gameplay*, como créditos e tutoriais, entre outros.

Um fator importante a ser observado é como os diferentes conceitos trabalhados se integram na criação de um único jogo de forma encadeada. Vejamos, na sequência, o processo realizado e a estrutura que nosso *game* já está tomando, conectando todos os conceitos.

Figura 2.2 – **Estrutura atual do *game***

```
/ 1. Declaração de Variaveis
do // 2. Menu
{
    // 3. Ler escolha do usuário
    switch (<escolha>):
            case <opção play>:
                    // 4. Loop do game
                    while (<condição>)
{
// 5. Implementação do gameplay
if( <condiçao de saida while>)
}
                    break:
            case <opção sair>:
            break;
```

```
            default:
            break;
} while (<condição de saída>);
```

É muito importante o entendimento desse fluxo e do encadeamento dos conceitos trabalhados até aqui. Vale observar que um conceito colabora com o outro. Além disso, essa estrutura básica é recorrente, ou seja, ela pode ser replicada no início de desenvolvimento de qualquer projeto de jogo, visto que nenhuma especificidade de *gameplay* foi ilustrada. Aproveite agora e reveja o código do jogo de adivinhação para considerar essa estrutura básica. O ideal é que o código esteja tal qual consta na figura a seguir.

Figura 2.3 – **Código do jogo de adivinhação**

```
char op;
do
{
    Console.WriteLine("P - Play Game");
    Console.WriteLine("S - Sair");
    Console.WriteLine("Informe sua escolha: ");
    op = char.Parse(Console.ReadLine( ));
    switch (op)
    {
        case 'P':
        case 'p':
                Random randNum = new Random( );
            int secretNumber = randNum.Next(10);
```

```csharp
                    bool gameIsRunning = true;
                while (gameIsRunning)//gameplay
                {
                    Console.WriteLine("Qual seu palpite?");
                    int guess = int.Parse(Console.ReadLine());
                    if (guess == secretNumber)
                    {
                        Console.WriteLine("Parabens! Voce acertou! ");
                        gameIsRunning = false;
                    }
                    else
                    {
                        Console.WriteLine("Voce errou. Tente novamente.");
                    }
                }
        break;
        case 'S':
        case 's':
            Console.WriteLine("Obrigado por jogar");
        break;
        default:
            Console.WriteLine("Opcao Invalida");
        break;
} // fim - switch
} while (op != 'S' && op!='s');
```

2.4 Funções

As **funções** fazem parte de um conceito utilizado em programação que facilita muito a vida do programador, independentemente da linguagem utilizada. O principal objetivo de uma função é auxiliar na modularização de um código por meio da divisão do programa em diferentes subprogramas, o que oferece uma abordagem em que se pode dividir o problema em partes menores para facilitar seu entendimento e sua resolução. Entre as principais vantagens do uso de funções, podemos destacar:

- modularização do programa;
- reutilização de código, visto que uma mesma função pode ser chamada em diferentes locais do programa;
- facilitação da manutenção e da correção do código desenvolvido.

Uma função corresponde a um bloco de códigos (comandos) que dispõe de recursos próprios (dados e variáveis, entre outros) para realizar uma atividade específica. A estrutura básica de uma função pode ser definida como:

```
<tipoDeRetorno> <nomeDaFunção> (<parâmetros>)
{
    //comandos
}
```

Para facilitar nosso entendimento, vejamos a seguir a estrutura completa de um programa que utiliza funções.

```
public static int soma (int a, int b)
{
        soma r;
        r = a + b;
        return r)\;
}
public static void Main(string[] args)
{
        int z;
        z = soma (5,3);
Console.WriteLine( "Resultado: " + z);
}
```

MÃOS À OBRA

Aproveite para praticar e crie suas próprias funções para atender a objetivos diferentes.

Um aspecto importante a ser observado é o conceito de **escopo**. Em outras palavras, trata-se do local em que determinado comando é valido. Em funções, aplica-se o conceito de **escopo da função**. No exemplo anterior, podemos observar esse conceito na linha em que está declarada a variável *soma*. Essa variável estará disponível apenas dentro da função, o que quer dizer que ela "não existe" na função principal (`Main`).

As funções podem ser categorizadas em dois tipos:

1. **Funções com retorno** – Devem sempre devolver um valor por meio da utilização do comando *Return*. Permitem, por exemplo,

definir uma função que receba por parâmetro dois números inteiros e retorne a soma deles:

```
static int somaDoisNumeros(int num1, int num2)
{
        return num1+num2;
}
```

2. **Funções sem retorno** – Não retornam valores. Dessa forma, é utilizada a palavra *void* no tipo de retorno. Em funções sem retorno não é utilizado o comando *Return* dentro do bloco da função. Por exemplo:

```
void inicializaInimigos( );
```

Trazendo o contexto para a área de *games*, as funções podem ter diferentes propósitos:

```
•    void LoadGame( );
•    float CalculaDano( );
•    void IncrementaPontos(int novosPontos);
```

A utilização de funções permite uma maior organização do código, facilitando a leitura de outros programadores. Além disso, dentro de uma função é possível chamar outras funções. Por serem independentes, as funções são criadas fora da função Main, na qual trabalhamos agora. Pensando em organização de código, por exemplo, na função Main pode haver apenas três chamadas para outras funções:

```
static void Main(string[] args)
{
                LoadGame( );
Run( );
FinishGame( );
}
```

Trabalhando com o código do jogo da adivinhação, vejamos como podemos utilizar funções para melhor organizá-lo. Dentro de cada caso do comando *Switch*, temos o que se apresenta na figura a seguir.

Figura 2.4 - **Funções no código do jogo de adivinhação**

```
switch (op)
{
    case 'P':
    case 'p':
        Gameplay( );
        break;
case 'S':
case 's':
    Console.WriteLine("Obrigado por jogar");
break;
default:
    Console.WriteLine("Opcao Invalida");                break;
}
```

Observe que, por meio dessa reorganização, a estrutura do *Switch* ficou muito mais fácil de ser compreendida. Logo, para verificar como a função `Gameplay( )` está organizada, é só ir diretamente a ela. Com o conhecimento de funções, é possível escrever códigos cada vez mais organizados e elegantes.

2.4.1 Passagem de parâmetro por valor e referência

A linguagem C# apresenta duas modalidades para a execução de passagem de parâmetros: (1) por **valor** e (2) por **referência**. A passagem por **valor** é o modo tradicional utilizado para atribuir parâmetros a uma função. Isso quer dizer que o valor designado por parâmetro é copiado para dentro da função e é válido apenas nesse escopo. Em outras palavras, a variável que for passada por parâmetro não sofre impactos em sua função de origem, pois cada valor ocupa seu próprio endereço de memória.

Por outro lado, na passagem de parâmetros por **referência**, o valor parametrizado permanece no mesmo endereço de memória. Nesse caso, o nome do parâmetro é considerado apenas como um apelido para a variável que ele está representando. Para definir esse tipo de operação, é utilizado o termo *ref* antes dos parâmetros. Entre outras vantagens, como otimização de memória, parâmetros por referência também permitem que valores sejam alterados em sua função de origem. Em outras palavras, é possível fazer com que uma função sem retorno modifique valores.

```
static int Soma(int valorA, int valorB)
{
        return valorA + valorB;
}
```

```csharp
static void Quadrado( ref int valor)
{
        valor = valor * valor;
}

static void Main(string[] args)
{
        int a = 2, b = 3;

        int c = Soma(a, b);

        Console.WriteLine(c);

        Quadrado(ref c);

        Console.WriteLine(c);
}
```

Esse exemplo ilustra as duas formas de se trabalhar por parâmetros. A função Soma utiliza passagem por valor, ao passo que a função Quadrado utiliza passagem por referência.

MÃOS À OBRA

Reproduza o exemplo anterior e atente para o comportamento da variável **c**. No primeiro momento em que ela for impressa, mostrará o valor 5; na segunda impressão, o valor será 25.

2.5 Comando *For*

O comando *For*, da mesma forma que o *While* e o *Do-While*, permite trabalhar com laços de repetição. Diferentemente dos comandos anteriores, o *For* é utilizado quando se sabe de antemão quantas vezes as repetições deverão ser executadas. Em uma única linha, a estrutura desse comando é definida da seguinte maneira:

```
for (<inicializaçãoContador>; <condiçãoLoop>;
<alteraçãoContador>)
{
<comandos>
}
```

A definição do comando de repetição *For* é definida em uma única linha, na qual é necessário ter atenção a três informações:

1. **Inicialização do contador: variável de controle** – A primeira demanda a ser observada, independentemente da quantidade de repetições a ser executada, é declarar e inicializar uma variável (dentro do escopo do *For*) para ser a variável que irá controlar a repetição. É uma boa prática a utilização da seguinte variável:

```
i: for (int i = 0;)
```

2. **Condição do *loop*** – Depois de iniciar a variável de controle, o próximo passo é especificar a condição de repetição. Por exemplo, supondo que queiramos repetir um comando 10 vezes, teríamos:

```
for (int i = 0; i<10;)
```

3. **Alteração do contador** – Esse é o momento de se especificar como o contador será incrementado. Seguindo o exemplo, sabemos que *i* se inicia em 0 e queremos 10 repetições. Para isso, para chegarmos de 0 a 9 (10 repetições) e atingir a condição de parada especificada, incrementaremos a variável *i* com 1 a cada iteração:

```
for (int i = 0; i<10;)
```

Após a definição completa do *For*, pode-se especificar os comandos a serem repetidos. Veja alguns exemplos e observe a diferença na inicialização da variável, na especificação da expressão e na alteração do contador.

EXEMPLIFICANDO

```
//imprimir uma mensagem 10 vezes
for (int i = 0; i < 10; i++)
{
            Console.WriteLine("Minha Mensagem");
}

//imprimir numeros de 1 a 10
for(int i=1; i<=10; i++)
{
            Console.WriteLine(i);
}

//imprimir os numeros pares entre 10 e 20
for (int i = 10; i <= 20; i += 2)
```

```
    {
                Console.WriteLine(i);
    }

    //imprimir os numeros  10 e 0
    for (int i = 10; i >= 0; i--)
    {
                Console.WriteLine(i);
    }
```

Analisando-se a estrutura e o comportamento do comando *For*, é importante destacar as seguintes definições:

- O comando de inicialização da variável é executado apenas uma vez.
- O contador é atualizado (incrementado/decrementado) ao final do bloco de código que está sendo repetido.
- O teste da condicional é feito sempre no início do bloco, antes de efetuar a repetição em questão.

Como podemos perceber, em algumas situações, é possível resolver o problema tanto com o comando *For* quanto com o comando *While*. Para facilitar a identificação do comando apropriado, deve-se utilizar o comando *For* sempre que se souberem quantas vezes é preciso repetir o bloco de comandos e sempre que o teste para permitir a repetição seja feito antes da execução do bloco.

Analisando a estrutura do comando *For*, podemos destacar algumas curiosidades e pontos de atenção. Para a condição seguinte, há duas situações:

```
for (<inicializaçãoContador>; <condição>;
<alteraçãoContador>)
```

1. Se nenhuma inicialização for necessária, a primeira parte pode ser omitida. Nesse caso, nos demais módulos, é possível inclusive utilizar informações que estão fora do escopo do laço. Muita atenção nessa hora.
2. É permitida a retirada da condição. Porém, em diversos casos, essa omissão pode gerar um famoso *loop* infinito.

PRESTE ATENÇÃO!

Apesar de não ser muito usual, podemos ter mais de uma variável para ser utilizada como contador/controle::

```
for (int x = 5, y = 5; x + y > 0; --x, --y)
{
            Console.WriteLine("x = " + x);
            Console.WriteLine("y = " + y);
}
```

2.6 Arrays ou vetores

O conceito de *array* (traduzido como "vetor") consiste em agrupar um conjunto de dados do mesmo tipo em uma única variável. Por exemplo, armazenar o nome de cinco jogadores sem precisar criar cinco variáveis diferentes.

A estrutura de declaração de um vetor, também chamado de *array unidimensional*, é feita por meio da informação do tipo de dados, do nome da variável e da inclusão de colchetes após o tipo de dados para indicar a criação de um vetor, e não de uma simples variável. Dessa forma, para armazenar nomes de jogadores, é possível declarar o vetor da seguinte forma:

```
string[] jogadores;
```

Nesse momento, apenas o vetor foi definido, mas ainda não foram inicializados nem definidos os dados.

O próximo passo, após a definição da variável, deve ser alocar a memória. Essa operação reservará o espaço em memória para, em nosso exemplo, guardar cinco nomes de jogadores. Essa alocação é feita utilizando-se o comando *New* para dizer ao computador que reserve espaço para cinco nomes (dados do tipo **string**) no vetor:

```
jogadores = new string[5];
```

Agora sim, com o vetor definido e a memória alocada, é possível guardar as informações. Para isso, é preciso posicionar os dados no vetor. Cada uma das posições no vetor (como se fosse uma variável independente) é acessível mediante um valor-chave, informado entre os colchetes. Esse índice sempre se inicia em zero. Assim, no exemplo dos jogadores, podemos acessar as posições com os índices entre 0 e 4. Por exemplo:

```
jogadores[3] = "Charles";
```

Logo, para completar as operações de *declarar, inicializar* e *preencher* o vetor de personagens, teremos o seguinte código:

```
//declaração do vetor
string[] jogadores;

//alocar memória
jogadores = new string[5];

//definição dos dados
jogadores[0] = "Albert";
jogadores[1] = "Isaac";
jogadores[2] = "Marie";
jogadores[3] = "Charles";
jogadores[4] = "Ada";
```

PRESTE ATENÇÃO!

Observe que o vetor de nomes armazena cinco valores, mas os índices vão de 0 a 4. Em vetores e em muitos outros casos na computação, começamos a contar a partir do número zero.

Essa é apenas a primeira etapa, que consiste em armazenar os dados no vetor. Porém, para acessá-los, a sistemática a ser seguida é a mesma, por meio do índice de acesso. Se a intenção for imprimir o nome armazenado na primeira posição do vetor, por exemplo, deve-se acessar a variável

jogadores[0];. Caso se deseje listar todos os nomes armazenados no vetor e imprimi-los na tela, pode-se fazer um *For* para isso e imprimir de forma dinâmica:

```
for(int i=0; i < 5; i++ )
{
    Console.WriteLine("Jogador " + i + ":" + jogadores[i]);
}
```

Até agora, vimos passo a passo cada um dos momentos de interação com um vetor. Entretanto, além do que abordamos até aqui, existem outras formas de inicializar um vetor, já definindo seu tamanho e os dados. A seguir, detalhamos possibilidades diferentes que podem deixar o código ainda mais otimizado e organizado.

EXEMPLIFICANDO

- Declarar o vetor e alocar a memória no mesmo comando:

```
string[] jogadores = new string[5];
```

- Declarar o vetor, alocar a memória e definir os dados no mesmo comando:

```
string[] jogadores = {"Albert","Isaac", "Marie", "Charles", "Ada"};
```

2.6.1 Comando *Foreach*

O comando *Foreach* é uma evolução do comando *For* e permite navegar entre registros armazenados em um vetor (Dimes, 2016). A estrutura, similar à do *For*, para especificar o comando, é a seguinte:

```
foreach (<tipo variável> in <vetor>)
```

Para percorrer o vetor de jogadores usado anteriormente, podemos usar o seguinte código:

```
foreach (string s in jogadores)
    {
        Console.WriteLine(s);
    }
```

2.7 Matrizes

Matrizes são um tópico muito útil na área de desenvolvimento de jogos. Em uma matriz, dados são organizados em linhas e colunas, o que permite, por exemplo, trabalhar situações como a definição de um inventário ou até mesmo das cores que dão vida a um personagem no estilo *pixel art*. Tecnicamente, podemos dizer que uma matriz é um conjunto de vetores.

Para declarar uma matriz 2 x 2 que armazenará números inteiros, é possível utilizar o seguinte comando:

```
int[,] minhaMatriz = new int[2, 2];
```

A vírgula dentro dos colchetes está "separando" espaços (à esquerda e à direita), indicando duas dimensões: linha e coluna. Pode-se definir mais de duas dimensões, por exemplo:

```
int[,,] minhaMatriz = new int[2, 2, 2];
```

Nesse comando, três dimensões foram especificadas (linha x coluna x profundidade).

Da mesma forma que um vetor, também é possível declarar e inicializar uma matriz no mesmo comando:

```
int[,] minhaMatriz = {{ 1, 2 }, { 3, 4 }};
```

A seguir, mostramos como fazer para percorrer uma a matriz recém-criada e imprimir os valores no console:

```
for(int i=0; i < 2; i++) //percorre linhas
{
    for(int j = 0; j < 2; j++) // colunas
{
Console.WriteLine(minhaMatriz[i, j]);
}
}
```

2.8 Conectando conceitos: jogo da velha

Para finalizarmos este capítulo, vamos conectar todos os conceitos trabalhados até agora em um único produto. Nesse contexto, vamos desenvolver uma versão do famoso jogo da velha. Em nossa versão, utilizaremos bastante o conceito de funções. A primeira função que iremos criar é a função RunGame( ), que será responsável por controlar todo o *loop* do *game*.

O primeiro passo é definirmos o "tabuleiro" ou a *grid* em que iremos dispor os marcadores (O ou X) tradicionalmente utilizados no jogo. Para representar o tabuleiro, definimos uma matriz 3 x 3 do tipo *char* para representar os marcadores, da seguinte forma:

```
char[,] tabuleiro = new char[3, 3];
```

Na sequência, precisamos ler o palpite dos jogadores. Para isso, criamos uma função utilizando parâmetro por referência, na qual devemos solicitar ao usuário que informe a linha e a coluna de seu palpite. Vejamos, a seguir, o código dessa função:

```
static void LePalpite(ref int l, ref int c)
{
Console.WriteLine("Informe a linha do seu palpite e, apos o enter, informe a coluna: ");
l = int.Parse(Console.ReadLine( ));
c = int.Parse(Console.ReadLine( ));
}
```

Sabendo o palpite do jogador, precisamos posicioná-la no tabuleiro. Em outras palavras, devemos atualizar a matriz. Depois, podemos desenhar o tabuleiro na tela para mostrar o *status* atual do jogo. Uma nova função pode ser desenvolvida para fazer o desenho, na qual passaremos o tabuleiro por parâmetro e criaremos a exibição na tela. Nessa função, temos alguns pontos a serem observados:

- Recebemos uma matriz por parâmetro. Veja que dados organizados em vetores ou em matrizes também podem ser passados por parâmetro, normalmente, para serem utilizados em funções.
- Utilizamos o comando *Console.Clear( )*; para limpar a tela a cada atualização da matriz, a fim da correta representação do *status* do *game*.
- Dentro do duplo *For* que controla o acesso à matriz, verificamos se a célula está preenchida com um dos marcadores. Caso esteja, desenhamos o respectivo marcador; caso contrário, mantemos a célula disponível.
- Para permitir o correto desenho, em alguns momentos utilizamos o comando *Console.Write( )* e, em outros, o *Console.WriteLine( )*. Você consegue identificar o motivo dessas escolhas?

Analise o código da função e observe em detalhe cada uma de suas especificidades:

```
static void DesenhaTabuleiro(char[,] t)
{
    Console.Clear( );
    for (int i = 0; i<3; i++)
    {
        for (int j=0; j<3; j++)
        {
            if(t[i, j] == 'O' || t[i, j] == 'X')
                Console.Write(t[i,j]);

            else if(i<=1)
                Console.Write('_');
```

```
                if (j <= 1)
                    Console.Write(" | ");
            }
            Console.WriteLine( );
        }
    }
```

Cabe destacar que, neste momento, já temos definidos os procedimentos para ler os palpites, armazená-los nas respectivas posições e desenhar na tela o *status* do jogo. Assim, o próximo passo é verificar se existe um vencedor. Para isso, deve ser desenvolvida uma função que será chamada após cada movimentação no tabuleiro. Nessa função, que irá receber o tabuleiro por parâmetro, devem-se verificar as diagonais e as verticais, a fim de identificar se todas as casas estão preenchidas com o mesmo elemento. Essa função deve retornar *verdadeiro*, se houver um vencedor, ou *falso*, em caso contrário. Podemos escrever a função da seguinte forma:

```
static bool verificaVencedor(char[,] t)
{
            if (t[1, 1] == 'X' || t[1, 1] != 'O')
    {
            if ((t[0, 0] == t[1, 1] && t[1, 1] == t[2, 2])||
                (t[0, 2] == t[1, 1] && t[1, 1] == t[2, 0]))
            {
```

```csharp
                        Console.WriteLine("Vencedor: " + t[1, 1]);
                        return true;
        }
    }
    for (int i = 0; i < 3; i++)
    {
        if (t[i,0] == t[i,1] && t[i,1] == t[i,2]
                        && (t[i, 0] == 'X' || t[i, 0] == 'O'))
                        {
                            Console.WriteLine("Vencedor " + t[i,1]);
                            return true;
                        }
                        if (t[0,i] == t[1,i] && t[1,i] == t[2,i]
                            && (t[0, i] == 'X' || t[0, i] == 'O'))
                        {
                        Console.WriteLine("Vencedor " + t[1,i]);
                            return true;
    }
    }
    return false;
    }
```

Por fim, o passo mais importante é organizarmos as chamadas no *loop* de *game* para que cada função seja ativada propriamente. Para isso, em uma função chamada RunGame( ), devemos ter a declaração de variáveis e do *loop* de *game*. Ao final, devemos chegar à função apresentada na figura a seguir.

Figura 2.5 – **Jogo da velha**

```
static void RunGame( )
{
    char[,] tabuleiro = new char[3, 3];
    bool executando = true;
    bool vencedor = false;

    int pl = 0, pc = 0;
    int numJogadas = 0;

    char jogadorAtual = 'X';

    while (executando) //gameLoop
    {
        DesenhaTabuleiro(tabuleiro);

        LePalpite(ref pl, ref pc);
        tabuleiro[pl, pc] = jogadorAtual; //grava palpite

        numJogadas++;
```

```csharp
        //Alterna o marcador
        if (jogadorAtual == 'X')
            jogadorAtual = 'O';
        else
            jogadorAtual = 'X';

        if(numJogadas > 3) // Já podemos ter um vencedor
            vencedor = verificaVencedor(tabuleiro);

        if (vencedor)
            executando = false;
        else if (numJogadas == 9)
            Console.WriteLine("EMPATE!!!");
    }
}
```

Agora, basta apenas chamar a função `RunGame( )` na função `Main`, que ocorrerá apenas dessa vez. Com o desenvolvimento desse *game*, chegamos ao final deste capítulo com mais um jogo finalizado com um código claro e elegante.

MÃOS À OBRA

Agora, é com você! Evolua o jogo da velha: crie um menu, faça o *game* questionar se os jogadores querem jogar novamente após uma partida e inclua ainda outras ideias! Boa sorte!

thinkhubstudio/Shutterstock

CAPÍTULO 3

PROGRAMAÇÃO ORIENTADA À OBJETOS

Conteúdos do capítulo

- Paradigma da orientação a objetos.
- Programação orientada a objetos (POO).
- Classes.
- Ferramenta Unity.
- Captura de *inputs* controladores.

Após o estudo deste capítulo, você será capaz de:

1. compreender o conceito de orientação a objetos;
2. identificar a importância das classes;
3. indicar os comandos básicos do Unity;
4. inserir em um personagem elementos característicos;
5. desenvolver um *script* para controlar um personagem.

Agora, iremos trabalhar um dos principais conceitos utilizados atualmente no mercado de programação, principalmente na criação de *games*. Trata-se do paradigma de **programação orientada a objetos (POO)**. Esse paradigma é empregado na indústria de jogos e utilizado em diversas *engines* para desenvolvimento de *games*, por exemplo, o Unity.

Neste capítulo, teremos o primeiro contato com a ferramenta e começaremos a trabalhar os conceitos de programação que aprendemos até o momento por meio do paradigma de POO.

3.1 Paradigma da orientação a objetos

De acordo com Van Toll, Egges e Fokker (2019), o POO é muito utilizado nas indústrias de desenvolvimento de *softwares* e de jogos. O paradigma, ou a forma de programar, consiste em representar os elementos de um *software* ou *game*, similarmente ao mundo real, por meio da definição de classes e de objetos amparados pelos temas de encapsulamento, mensagem, herança e polimorfismo. A seguir, detalharemos cada um desses pontos, os quais representam os pilares que sustentam o conceito de POO, segundo Seidl et al. (2012).

3.1.1 Classes

A **classe** é o elemento principal na POO. Ela é responsável por representar um conceito. Podemos, por exemplo, definir em um *software* a classe **pessoa** e, pensando em *games*, estabelecer a classe **personagem**.

Uma classe deve apresentar os atributos e expor os comportamentos que compõem o conceito e podem representar um conjunto de objetos (instâncias da classe que reproduzem a ideia). Seguindo nosso exemplo, podemos imaginar o que caracteriza uma pessoa ou um personagem e o que eles fazem.

Pensando em uma pessoa real, podemos caracterizá-la com a definição de nome, endereço e CPF (Cadastro de Pessoa Física), por exemplo. Já um livro pode ser definido por um nome, uma editora e um número de registro. Um personagem em um jogo pode, por exemplo, ser definido com um nome e um poder de ataque. Observando os comportamentos, uma pessoa pode, por exemplo, ter a possibilidade de exibir dados ao mesmo tempo que um personagem pode executar a ação de atacar o inimigo.

Na POO, as características de uma classe são definidas por meio de atributos. Suas ações são definidas por meio de métodos (também chamados *funções*). A seguir, apresentamos o código em C# para a definição da classe **pessoa**.

```
class Pessoa
{
//Atributos
            public string Nome;
```

```
            public string CPF;
            public string Endereco;

            //Metodos
            public void ExibeDados( )
            {
                //implementação
            }
}
```

3.1.2 Objetos

Objetos representam instâncias de uma classe. Por exemplo, em um departamento, podem trabalhar três funcionários: Alberto, Julia e Mariana. Os três são, realmente, pessoas diferentes, mas todos são instâncias da classe **pessoa**. Pensando em um jogo, Albert e Isaac podem ser representados como instâncias ou objetos da classe **personagem**.

Um objeto possibilita armazenar valores nos atributos definidos pela classe. Dessa forma, a diferença entre os valores dos atributos faz com que cada objeto seja único. Além disso, o comportamento que cada um executa é produzido por um conjunto de operações chamadas *métodos*. A seguir, apresentaremos um exemplo de como definir um objeto da classe **pessoa** em nosso programa principal.

```
        public static void Main( )
        {
                    Pessoa p; //p -> objeto
```

```
                    p = new Pessoa( ); // alocação de
memória

p.Nome = "Jennifer"; // atribuição atributo
    p.ExibeDados( ); // chamada de método
}
```

3.1.3 Encapsulamento

O conceito de **encapsulamento** consiste em proteger o acesso aos dados contidos em um objeto. Em outras palavras, é a forma como cada informação é visível por outros objetos. Por exemplo, o nome de uma pessoa bem como seus dados de documentos são informações privadas. Logo, estão encapsuladas de maneira privada. Trazendo isso para o mundo real, quando for preciso saber o nome ou outra informação qualquer de alguma pessoa, deve-se perguntar a ela, que precisa responder. Por isso, podemos dizer que objetos trocam mensagens entre si.

3.1.4 Mensagens

Em orientação a objetos, a troca de mensagens possibilita que os objetos interajam entre si e executem seus respectivos comportamentos. Podemos definir uma mensagem como uma requisição para que um comportamento seja realizado. Podemos, por exemplo, enviar uma mensagem solicitando o nome de uma pessoa e ela, por sua vez, executar a ação de enviar a resposta a essa pergunta.

Nesse ponto, também é interessante analisarmos o conceito de overloading. Em orientação a objetos, significa que uma solicitação pode ser executada de maneira diferente com base nos parâmetros recebidos. Um personagem pode, por exemplo, ter o comportamento de causar dano a outro personagem. Podemos solicitar essa operação de duas formas: *CausarDano( )* ou *CausarDano(2)*. Na primeira maneira, solicitamos ao personagem que execute sua ação de dano na forma padrão, ao passo que, na segunda chamada, solicitamos que o dano seja definido levando-se em conta a maneira 2 (específica).

3.1.5 Herança

O conceito de **herança**, na POO, permite que uma classe derive (ou estenda) o comportamento de outra classe independente, chamada *classe base*. Dessa forma, uma subclasse, ou classe herdeira, replica o comportamento da classe base e é capaz de desempenhar novas funções. Por exemplo, a classe **professor** e a classe **aluno** podem derivar da classe **pessoa**. Isso porque ambos os conceitos compartilham as informações de **pessoa**, entretanto, cada um tem suas especificidades. Para definir a herança, utilizamos o operador ":" da seguinte forma:

```
class Aluno : Pessoa
{
            public string Matricula; //atributo exclusivo
    de aluno
}
```

3.1.6 Polimorfismo

Polimorfismo é a capacidade de adaptação. Trazendo esse conceito para a visão de orientação a objetos, podemos considerar que ele é a capacidade de objetos de uma mesma classe adotarem comportamentos diferentes em tempo de execução. Considerando-se, por exemplo, que as classes **diretor** e **vendedor** herdem da classe **pessoa** o método que calcula o salário, que pode ser implementado de maneira específica para cada classe, cada uma teria uma fórmula de cálculo particular.

Nesse ponto, é importante observarmos a existência de métodos virtuais, que permitem que a implementação seja diferenciada na classe herdeira. Sabendo que **diretor** e **vendedor** contam com fórmulas diferentes para o cálculo de salário, podemos declarar um método virtual na classe **pessoa**:

```
public virtual decimal CalculaSalario ( );
```

É na classe herdeira que a implementação real acontece. Logo, declaramos novamente o método de cálculo de salário utilizando o operador *override*, que permite a nova implementação:

```
public override decimal CalculaSalario ( );
```

3.1.7 POO e *games*

Até aqui, fizemos um breve apanhado dos conceitos relacionados à orientação a objetos, que servem de base e referência para o desenvolvimento em qualquer linguagem que aplique esse paradigma:

C++, Java e C#. Esse paradigma é aplicado, independentemente da linguagem, no processo de laboração de *games*.

Nos próximos tópicos, iremos relacionar a POO e a linguagem C# utilizando a ferramenta Unity, uma das líderes de mercado de *games*. Com a utilização de *scripts*, definiremos classes que serão importantes na definição dos elementos que formam o jogo.

3.2 Iniciando com o Unity

Chegou um dos momentos mais esperado de nossa jornada: a utilização de uma *engine* de *games*. A partir de agora, utilizaremos também o Unity para aplicar os conceitos e os desafios de programação. Antes de começarmos, sugerimos que você siga os seguintes passos:

1. Crie uma conta gratuita no *site* do Unity (disponível em: <https://id.unity.com/>). Essa conta será seu **UnityID**, utilizado para gerenciar todas as suas ações nessa ferramenta.
2. Baixe o Unity Hub (disponível em: <https://unity3d.com/pt/get-unity/download>) e instale-o em seu computador.
3. Com o Unity Hub instalado, acesse a guia *Installs* e instale uma versão do Unity em seu computador. Com o Unity Hub, é possível contar com várias versões da ferramenta instaladas. Neste momento, trabalharemos apenas como uma instalação, mas sugerimos que você instale a última versão classificada como *estável*. Não aconselhamos versões que ainda estão em experimentação.

4. Caso você ainda não tenha instalado o Microsoft Visual Studio (VS), é possível selecionar a opção de instalá-lo juntamente com o Unity. Garanta que você tem o VS instalado, pois ele vai facilitar muito suas programações.
5. Com o processo de instalação concluído, é hora de criar um projeto no qual você irá trabalhar. Ainda no Unity Hub, utilize a opção *New* para criar seu primeiro projeto.

Nossas próximas atividades envolverão o desenvolvimento de um jogo em duas dimensões (2D). Logo, ao criar seu projeto, escolha a opção para um *game* de duas dimensões (x, y).

3.2.1 Conceitos e nomenclatura dos elementos no Unity

Antes de iniciarmos o desenvolvimento do jogo, é importante termos conhecimento de alguns conceitos que utilizaremos no Unity ao longo do processo.

- **Cena (em inglês, *scene*)** – É o início de todo o processo. Podemos imaginar uma cena como o quadro branco em que o jogo será produzido.
- **Game object** – Tudo o que compõe uma cena é um *game object*, por exemplo: o personagem, os inimigos, as plataformas e todos os outros elementos. Podemos imaginar um *game object* como uma gaveta que guarda diferentes materiais. Pensando em personagem, o *game object* poderia contar com uma imagem, um *script* de manipulação e colisores, entre outros artefatos. Os elementos que compõem cada *game object* e adicionam funcionalidades diferentes são chamados de *componentes*. Todos os

game objects em uma a cena podem ser visualizados na janela *Hierarquia (Hierarchy)*.
- **Prefab** – Um elemento considerado *prefab* representa um *game object* de fato, pré-fabricado, ou seja, um *template*. Esses elementos facilitam ao desenvolvedor replicar o mesmo conceito no *game*. É possível, por exemplo, ter um *prefab* de um inimigo já com todos os componentes adicionados e configurados no *game object*.
- **Inspector** – É a janela que permite ao programador verificar todos os detalhes de um *game object* selecionado na aba *Hierarchy*. Nessa janela, é possível visualizar e editar, além de customizar a configuração dos componentes associados ao *game object*.
- **Scripts** – É o meio em que a programação acontece. Nele, são definidas e programadas as classes que serão responsáveis por influenciar o comportamento dos *game objects* utilizados na cena.

Conhecendo todos esses conceitos, podemos dizer que já temos um guia de sobrevivência e já estamos prontos para começar. Para isso, é necessário criar uma **cena**, na qual será construída o jogo 2D. Para criá-la, basta acessar o menu *File > New Scene*.

Nesse momento, haverá uma verdadeira tela em branco pronta para a construção do *game*. Deve-se salvar essa cena com um nome fácil de entender, por exemplo, `MainScene`, `Jogo` ou, ainda, `Gameplay`. Futuramente, serão criadas cenas com objetivos específicos, por exemplo: *Menu*, *Créditos* e *Tutoriais*, entre outros.

Com a cena criada e devidamente salva, devem-se inserir os elementos para a construção do jogo e, então, dar início à programação de suas mecânicas.

PRESTE ATENÇÃO!

Você deve salvar a cena constantemente, a fim de evitar que seu trabalho corra riscos de se perder. O comando tradicional, para salvar a cena, é o mesmo que usamos em diversas aplicações: **ctrl+s**.

3.3 Inserindo *assets* de arte

Uma das facilidades que o Unity e outras *engines* de jogos proporcionam é a facilidade de se trabalhar com elementos externos, como elementos de imagem e de áudio. Para desenvolver as habilidades com esses elementos, utilizaremos *assets* gratuitos.

O *site* **Craftpix** (disponível em: <https://craftpix.net/freebies/free-3-character-sprite-sheets-pixel-art/>) é uma ótima fonte de *sprites* e outros elementos para serem utilizados nos jogos, inclusive personagens. Escolha um personagem e observe que, ao baixar o arquivo *zip*, provavelmente haverá um conjunto de vários arquivos que serão utilizados para reproduzir animações e movimento (mas isso é conversa para os próximos capítulos). Por conveniência, dentro da pasta *Assets*, crie uma pasta *Sprites* na aba *Projetos* e importe para ela os arquivos recém-salvos. Em nossos exemplos, utilizaremos um personagem representando um dinossauro.

Figura 3.1 – **Personagens principais**

CraftPix

Da mesma forma, é possível adicionar um cenário. Você pode fazer o *download* de um cenário a sua escolha e que combine com seu personagem. O processo é o mesmo: baixar o arquivo e armazenar as imagens em uma subpasta <u>Cenário</u>, dentro da pasta <u>Assets</u>.

PRESTE ATENÇÃO!

Ao importar imagens (no formato *png*, por exemplo) para o projeto, o Unity automaticamente passa a considerá-las como *sprites*. Em jogos 2D, uma *sprite* representa uma imagem que será desenhada na tela do jogo.

Após carregar todos os *assets* na pasta do projeto, você pode, literalmente, começar a montar a cena. A Figura 3.2 ilustra uma cena criada com *assets* gratuitos para você se inspirar. Para montar essa cena, foram seguidos os seguintes passos:

1. **Inclusão da imagem de *background*** – Uma única imagem (em formato *png*) foi arrastada para dentro da cena. Utilizando-se a opção *Transform*, no *Inspector*, é possível aumentar a escala da imagem para ocupar toda a tela. Nesse exemplo, definimos escala em 1.5 para os eixos x e y.
2. **Inserção do personagem** – Com as *sprites* na pasta do personagem, foi deslocada para a tela a imagem *Idle(0)*. Um novo *game object* deve ser criado para a *sprite* do personagem. Observe, no *Inspector*, que o componente *SpriteRender* foi automaticamente aficionado por ser tratar de uma *sprite* 2D que será desenhada na tela do jogo.
3. **Criação da plataforma** – Utilizando-se os *assets* de cenário, monta-se a plataforma em que o personagem irá se deslocar. Veja na pasta *Tiles* as imagens disponíveis para você montar sua plataforma.

Figura 3.2 – **Primeira cena: *background*, plataforma e personagem**

Esta é primeira cena de seu jogo 2D. Neste momento, você pode apertar o botão *play* no Unity e verificar como ela ficou. Porém, surge uma dúvida: O que acontece nessa cena? Absolutamente nada! A razão para isso é que a cena está totalmente estática, ou seja, sem movimento algum. Para mudar isso, o próximo passo é definir a física que irá impactar os *game objects* que estão na cena.

3.4 Inserção de componentes de física

A **física** é fator primordial e indispensável no desenvolvimento de jogos, independentemente de se trabalhar num jogo 2D ou 3D e da *engine* utilizada. Especificamente no Unity, é possível inserir componentes nos *game objects* que serão responsáveis por aplicar conceitos de física.

O primeiro passo é habilitar a física para o personagem. O Unity aplica o conceito de física dos corpos rígidos, e, para que o personagem possa utilizar tais ideias, deve-se adicionar um componente da seguinte forma:

1. Selecionar o *game object* do personagem.
2. Na aba *Inspector*, acionar o botão *Add Component*.
3. Buscar por *Rigidbody 2D* e adicioná-lo ao jogo.

Agora, o personagem passará a ter propriedades físicas, por exemplo, sofrer a ação da gravidade. Além disso, a utilização do componente *Rigidbody* permite que a movimentação do personagem seja colocada em prática por meio da simulação de forças físicas (Unity Technologies, 2022d).

Assim, ao clicar em *Play*, será possível verificar que uma força de gravidade é aplicada ao personagem, que se desloca para baixo até desaparecer da tela. Isso acontece porque a plataforma ainda não tem características físicas; logo, colisões entre os elementos da cena ainda não são identificadas. Por isso, o próximo passo é definir o componente de física para a plataforma.

Da mesma forma que para o personagem, é necessário adicionar um componente de física para a plataforma. Porém, nota-se que há *game objects* independentes, cada um sendo um *tile*, ou, então, um "pedacinho da plataforma". Para que toda a plataforma responda como um componente único, é preciso criar um *empty game object*, nomeá-lo como *Plataforma* e arrastar os *game objects* individuais de cada *tile* utilizado para dentro dele. Agora sim, para habilitar a física, seleciona-se o novo *game object*, que será chamado de *Plataforma*, ao qual será adicionado o componente Box Collider 2D.

Figura 3.3 – **Dimensões do Box Collider 2D**

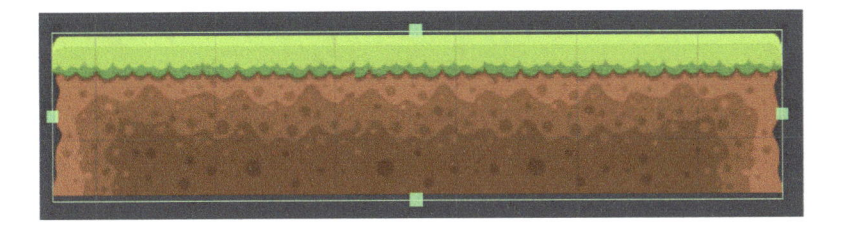

Fonte: Game Art 2D,2022a.

Após adicionar o componente, é necessário definir a área de colisão em que ele deve ser considerado. Para isso, com o *game object* *Plataforma* selecionado no *Inspector*, aciona-se a opção *Edit Collider*. Nesse momento, uma caixa verde com "pontinhos" de edição ficará visível. Deve-se redimensionar essa caixa para que toda a plataforma fique dentro dela. Porém, se for acionado o *Play* agora, o personagem ainda irá cair. Mas por que isso acontece? A razão é que o próximo passo deve ser executado, que é habilitar o *collider* do personagem para que o Unity consiga identificar a colisão (de *colliders*) entre o personagem e a plataforma. Para isso, basta adicionar o componente de colisão também no personagem. O Unity oferece diferentes colisores que podem der usados, por exemplo, em forma de cápsula ou de círculo. Deve-se escolher o mais aplicável ao jogo e adicioná-lo ao personagem. Agora sim, é só apertar o *Play* que o personagem ficará posicionado corretamente em cima da plataforma.

3.5 C# e POO no Unity

Todos os conceitos de programação previamente apresentados são facilmente utilizados no desenvolvimento de jogos utilizando-se o Unity e a linguagem de programação C#. O Unity trabalha com o conceito de *scripts* e, para isso, o código será escrito em um *script* C# e será vinculado aos elementos de *games* que compõem a cena do jogo.

Além disso, utiliza-se o paradigma da POO, a fim de facilitar o processo de desenvolvimento. Como vimos anteriormente, nesse paradigma, utilizam-se variáveis, classes e objetos amparados pelas premissas de herança e polimorfismo.

Scripts são ferramentas poderosas para definir o exato comportamento para os elementos do jogo. Para criar um *script* inicial, que será utilizado para movimentar o personagem do *game*, deve-se acessar a janela *Project* no Unity. Após criar o *script*, dois cliques sobre ele permitem editá-lo e escrever o código necessário. A edição do *script* é feita em uma ferramenta de programação, por exemplo, o VS, que, inclusive, pode ser obtido durante a instalação da *engine*.

PRESTE ATENÇÃO!

Lembre-se de utilizar o padrão *Pascal Case* para definir o nome do *script*.

Nesse padrão, deve-se usar caixa-alta para a primeira letra de cada palavra.

Além disso, não há espaço entre as palavras nem caracteres especiais.

Ao criar um *script*, o Unity já constrói sua estrutura básica. O nome da classe criada deve ser exatamente o mesmo do arquivo do *script*. Vejamos o exemplo de criação de um *script* para controlar o personagem do jogo:

```
public class Personagem : MonoBehaviour
{
// Start is called before the first frame update
    void Start( )
    {


    }
    //Update is called once per frame
void Update ( )
            {


        }
}
```

PRESTE ATENÇÃO!

Crie uma subpasta dentro da pasta *Assets* chamada *Scripts* e nela salve todos os *scripts* de seu projeto. Assim, você manterá uma solução organizada que facilitará a busca dos elementos que compõem o jogo.

No exemplo apresentado, foi criada a classe chamada *Personagem*. Vale lembrar que, no paradigma da orientação a objetos, uma classe permite agrupar os métodos e atributos para representar um conceito nesse caso, o conceito de um personagem. Além disso, também é possível observar a aplicação do conceito de herança no comando *MonoBehaviour*. Assim, a classe Personagem vai utilizar elementos da classe MonoBehaviour, que é padrão no Unity, para possibilitar o emprego de componentes predefinidos no desenvolvimento de jogos.

Para evoluir o personagem, pode-se atualizar a classe recém-criada para incluir atributos (por exemplo, nome e quantidade de vida – iniciando-se em 100) e métodos (pode ser um método responsável pela locomoção do personagem na tela). Dessa forma, teríamos a seguinte estrutura da classe:

```
public class Personagem : MonoBehaviour
{
public string nome;
private int qtdVida;

    // Start is called before the irst frame update
    void Start( )
    {
                qtdVida = 100;
    }

    void Mover( )
    {
                /* Código para movimentar
                o personagem */
    }
}
```

Com a evolução do código da classe Personagem, podemos observar a aplicação do conceito de encapsulamento da orientação a objetos. Ao declarar os atributos de uma classe num *script* no Unity, é possível especificar sua visibilidade: pública (*public*) ou privada (*private*). Uma variável declarada no *script*, com visibilidade pública, pode ser modificada diretamente no *Inspector*, na interface do Unity, como na figura a seguir, em que é possível definir a informação do nome do personagem no *Inspector*. Variáveis e atributos públicos podem ser acessados diretamente por meio do *Inspector*, bem como por outros *scripts*.

Figura 3.4 – **Definição de valor para um atributo público via *Inspector***

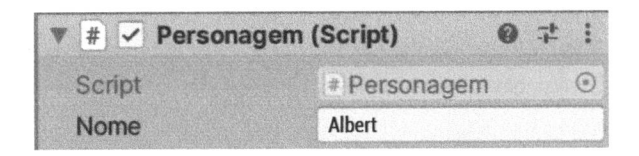

▼ # ✓ Personagem (Script)	❓ ⇵ ⋮
Script	# Personagem ⊙
Nome	Albert

Fonte: Unity Technologies, 2022g.

Porém, nem toda informação deve ficar publicamente acessível. Vamos observar o atributo *qtdVida*. Esse atributo armazena a quantidade de vida que resta ao jogador antes de o *game* disparar um evento de morte (quando a quantidade de vida chegar a zero). Essa situação é tratada automaticamente dentro da classe. Logo, não há necessidade de que essa informação seja acessível fora da classe, seja por via do *Inspector* ou ainda por outros *scripts*.

PRESTE ATENÇÃO!

Sempre especifique a visibilidade de um atributo. Por padrão, quando a visibilidade não é especificada, a linguagem C# a considera como **privada**.

3.6 Captura de *inputs* controladores

Na grande maioria dos jogos, para controlar um personagem, é preciso considerar *inputs* que podem ser capturados do teclado ou de outros periféricos, como um *joystick* ou até mesmo uma câmera. Para capturar entradas e deslocar o personagem para a esquerda ou direita, é usada a função do Unity chamada `input.GetAxisR("Horizontal")`. Esse método retorna *inputs* de teclado quando são utilizadas as teclas de setas para a esquerda e para a direita (horizontal, eixo *x*):

- **Seta à direita** – Retorno 1.
- **Seta à esquerda** – Retorno -1.

Por meio do reconhecimento do *input* de movimento acionado pelas setas do teclado, estamos prontos para movimentar o personagem aplicando física. Para isso, é preciso aplicar a seguinte lógica:

- Identificar se a tecla pressionada é para esquerda ou para a direita, com o seguinte comando, em que a variável *moveX* receberá 1 ou −1 quando alguma seta no teclado for pressionada (esquerda ou direita):

```
float moveX = Input.GetAxis("Horizontal");
```

- Aplicar o movimento na direção mapeada.
- Verificar a orientação do personagem.

Para movimentar o personagem, deve-se, simplesmente, a cada iteração, atualizar a coordenada que representa a posição do jogador sempre que a flecha da esquerda ou da direita, no teclado, estiver pressionada. Para isso, usa-se o componente *Transform* que faz parte do *game object* Personagem.

O componente *Transform* não permite a atualização direta do valor que armazena em cada coordenada. Em outras palavras, não é possível executar, por exemplo, o comando *Transform.Position.x = 2;*, porque ele apenas retorna o valor de *x* e não o atualiza. Dessa forma, para incrementar o valor da posição *x*, deve-se:

- Armazenar em uma variável temporária o valor das coordenadas em que o personagem está (x, y).
- Definir o novo valor de *x*. Nesse momento, deve-se incrementar um valor de deslocamento (por exemplo, 0.1) – pode ser positivo, para o movimento à direita, ou negativo, para o movimento à esquerda.
- Atualizar a posição (x, y) do personagem para as novas coordenadas.

Logo, a função Mover ( ) contará com o seguinte código:

```
Mover( )
{
float moveX = Input.GetAxis("Horizontal");
Vector2 position = transform.position;
    position.x = position.x + 0.1f * moveX;
    transform.position = position;
}
```

> **PRESTE ATENÇÃO!**
> O **Vector2** é um tipo de dado utilizado no Unity que permite armazenar dois valores, nesse caso, x e y. Já a variável **transform.position** é criada automaticamente pelo Unity e armazena as coordenadas que posicionam o *game object* em questão.

Agora, imagine um jogo em *top view*, no qual, além de mover o jogador utilizando as setas da esquerda e da direita, fosse necessário movê-lo também utilizando as teclas para cima e para baixo. Para realizar essa ação, basta passar o parâmetro *Vertical* para a função *Input.GetAxis( )* e atualizar o *position.y*.

> **PRESTE ATENÇÃO!**
> Além das setas, as teclas WASD também são reconhecidas pela função **Input.GetAxis( )**. Entretanto, ao acessar o menu Edit e a aba Project Settings, podemos configurar teclas específicas para os comandos.

3.7 Controle de *framerate*

Um ponto muito importante a ser considerado no desenvolvimento de qualquer aplicação gráfica e principalmente no desenvolvimento de jogos é o controle de *framerate* – a quantidade de *frames* que são exibidas na tela a cada segundo. Essa taxa varia conforme a capacidade do computador no qual o jogo está sendo executado.

A média de *framerate* que o Unity tenta produzir ao executar o jogo é de 60 *frames* por segundo (fps) ou mais. Porém, se for rodado o mesmo *game* em um computador moderno e em um computador mais antigo, com certeza teremos valores muito diferentes. Na prática, isso pode fazer, por exemplo, com que o personagem se mova muito rápido em um computador e muito lento em outro, visto que, ao mover o personagem, atualiza-se a posição a cada *frame*.

Para resolver essa questão e fazer com que um personagem se mova na mesma velocidade em diferentes computadores, é necessário considerar a distância percorrida por segundo, e não apenas por *frame*, como foi feito até agora. Para isso, basta levar em conta também o fator tempo no cálculo do movimento, da seguinte forma:

```
position.x = position.x + 0.1f * moveX * Time.deltaTime;
```

Com isso, o movimento, antes calculado apenas em unidades de distância por *frame*, passa a ser calculado em **unidades de distância por segundo**. Porém, se o jogo for realizado agora, veremos que, na verdade, o personagem está se movendo de maneira consideravelmente lenta. Se for considerada, por exemplo, uma unidade de distância como **um metro**, o jogador estará se movendo a 0,1 m/s, ou seja, apenas 10 centímetros a cada segundo. Dessa forma, caso se queira que o personagem corra, pode-se substituir 0.1 f por 3.0 f, ou, ainda, verificar o valor mais adequado considerando-se a dinâmica do jogo.

Para facilitar os testes, e não ser necessário atualizar o *script* sempre que se for testar uma velocidade diferente, é possível utilizar uma variável pública para a velocidade. Com isso, a velocidade será mais facilmente alterada por meio da aba *Inspector*.

Dessa forma, o personagem se moverá com a mesma velocidade em diferentes computadores, o que traz um conceito de qualidade ao jogo. Deve-se lembrar de sempre observar essa questão em todos os jogos desenvolvidos.

3.8 Implementação do pulo

Além do movimento do personagem no eixo x, uma característica essencial em qualquer jogo de plataforma é a capacidade que o personagem tem de saltar entre uma e outra, bem como de eliminar os inimigos pulando na cabeça deles. Para desenvolver essa possibilidade, deve-se aplicar uma força física que irá "jogar" o personagem para cima sempre que o jogador pressionar a tecla espaço.

Nesse ponto, a cada *frame* é preciso verificar se a condição *pulo* for acionada e, então, aplicar a força utilizando o componente *Rigidbody*. Isso é feito com a aplicação do seguinte bloco de comandos:

```
if (Input.GetKeyDown("space"))
{
GetComponent<Rigidbody2D>( ).AddForce(transform.up * 200);
}
```

Nesse ponto, deve-se utilizar o comando *AddForce( )*. Trata-se da implementação de um método de física no componente de corpos rígidos. Essa força é adicionada para cima, no eixo *y* (*transform.up*). Veja que foi adicionado um multiplicador para representar a altura do pulo. Nesse exemplo, é utilizado o valor 200, mas é possivel definir essa informação como uma variável pública, a fim de facilitar os processos de testes e de balanceamento de valores por meio do *Inspector*.

Agora, ao ser executado o *game*, já é possível fazer o personagem pular. Porém, ocorre algo interessante: ao realizar um pulo e seguir pressionando a tecla de espaço mais algumas vezes, o personagem irá pular para "o infinito e além". Para resolver isso e permitir apenas um pulo, é preciso inserir uma condição para verificar se o personagem está pulando. Em outras palavras, o personagem só pode pular quando ele estiver em contato com o chão de alguma das plataformas que compõem a cena do jogo.

Para isso, o primeiro passo é inserir um *game object* vazio nos pés do personagem principal, pois é por meio dele que será validado o fato de que o personagem está colidindo com a plataforma. Esse novo *game object* deve ser criado, na hierarquia, como filho do *game object* Personagem. Isso é muito simples: basta clicar com o botão direito sobre o personagem e escolher a opção *Create Empty*. Nesse exemplo, vamos chamar o novo *game object* de *validaChao*, pois ele vai validar se o personagem está no chão e pode pular. O primeiro passo é programar o *script* que irá permitir o pulo apenas no momento adequado, seguindo os passos:

1. Adicionar as quatro novas variáveis:

```
bool noChao = false;
float raioChao = 0.2f;
public Transform verificaChao;
public LayerMask chao;
```

2. Atualizar o *script* para considerar as variáveis anteriores e verificar – por meio de uma esfera imaginária (por isso o raio) – se o personagem está colidindo com a plataforma:

```
noChao = Physics2D.OverlapCircle(verificaChao.position,
raioChao, chao);
```

Uma das novidades dessa implementação é a utilização da função `Fixed Update( )`, na qual podemos verificar se o personagem está pulando. A documentação do Unity indica que os cálculos de física devem ser realizados nessa função. O cômputo dessa colisão considera o seguinte: utiliza-se a função de física `Physics2d.OverlapCircle` para calcular o círculo imaginário de tamanho *raioChao*. Essa função retorna *verdadeiro* quando existe colisão com a *layer chao* e *falso* quando o contrário acontece. Sabendo disso, basta atualizar a condição de pulo para ser executada apenas quando o personagem estiver pulado:

```
if (Input.GetKeyDown("space") && !pulando)
```

Porém, para colocar em prática a validação que permite o pulo, ainda são necessárias as seguintes ações:

- **Adicionar *layer* ao personagem** – Via *Inspector*, no campo ***layer*** do personagem, cria-se uma nova ***layer*** denominada *Personagem* e, após isso, ela deve ser selecionada.
- **Definir valores de variáveis** – Via *Inspector*, relacionam-se as variáveis públicas que foram declaradas no *script* Personagem. Depois, deve-se arrastar o *game object* filho e, na variável do tipo ***layer***, selecionar todas as ***layers***, exceto aquela que chamamos

Personagem. Isso fará com que o teste de colisão que permite o pulo considere todos os elementos do cenário, exceto o personagem.

3.8.1 Pulo duplo

Outra característica dos jogos de plataforma é a possibilidade de pulo duplo. Nesse caso, se o personagem estiver no ar, pode-se permitir que o comando de pulo seja executado em dois momentos seguidos antes que o personagem retorne ao chão. Essa verificação é feita apenas com a utilização de uma variável tipo *bool* que chamamos *puloDuplo*, inicializada como *false*:

```
bool puloDuplo = false;
```

Após a inicialização, é necessário que a condição que dispara o pulo valide a nova variável para permitir um pulo em sequência. Para isso, o comando *If*, responsável pelo pulo, deve ser atualizado da seguinte maneira:

```
if (Input.GetKeyDown("space") && (noChao || puloDuplo))
{
    GetComponent<Rigidbody2D>().AddForce(transform.up * 200);
    puloDuplo = !puloDuplo;
}
```

A lógica do pulo duplo é a seguinte: o personagem irá pular sempre que estiver no chão ou o pulo duplo estiver habilitado. Após o pulo, sempre será atualizada a variável para o valor contrário, ou seja, inverte-se de *verdadeiro* (*true*) para *falso* (*false*) e vice-versa. Dessa forma, o personagem nunca terá mais de dois pulos em sequência. Pode-se customizar e evoluir essa condição para outros casos, por exemplo, o pulo ser ativado apenas com um comando *Power Up*.

Neste momento, encerramos mais uma etapa de nossa jornada, o que nos habilita a testar novas estratégias de desenvolvimento. A seguir, você encontra o código completo do *script* que controla o personagem. Nos próximos capítulos, iremos inserir novos elementos e novos *scripts* serão programados.

Figura 3.5 – **Script para o controle do personagem**

```
public class Personagem : MonoBehaviour
{
    public float velocidade;
    public string nome;
    private int qtdVida;
    bool noChao = false;
    float raioChao = 0.2f;
    bool puloDuplo = false;
    public Transform verificaChao;
    public LayerMask chao;

    void Start()
    {
        qtdVida = 100;
    }
```

```csharp
    private void Update()
    {
        Mover();
    }

    private void FixedUpdate()
    {
        noChao = Physics2D.OverlapCircle(verificaChao.position, raioChao, chao);

    }

    void Mover()
    {
        float moveX = Input.GetAxis("Horizontal");
        Vector2 position = transform.position;
        position.x = position.x + velocidade * moveX * Time.deltaTime;
        transform.position = position;

        if (Input.GetKeyDown("space") && (noChao || puloDuplo))
        {
            GetComponent<Rigidbody2D>().AddForce(transform.up * 200);
            puloDuplo = !puloDuplo;
        }
        if (Input.GetAxisRaw("Horizontal") > 0)
```

```csharp
        {
            transform.eulerAngles = new Vector2(0, 0); //controla rotação
        }
        if (Input.GetAxisRaw("Horizontal") < 0)
        {
            transform.eulerAngles = new Vector2(0, 180); //controla rotação
        }
    }
}
```

Parilov/Shutterstock

CAPÍTULO 4

DESENVOLVIMENTO DE JOGOS 2D

Conteúdos do capítulo

- Conceitos básicos.
- Uso de *scripts*.
- Funções básicas de animação.
- Uso do Unity para desenvolver animações.
- Animações 2D.

Após o estudo deste capítulo, você será capaz de:

1. compreender a importância das animações 2D;
2. desenvolver uma animação básica;
3. reconhecer *scripts* úteis em animações;
4. incrementar as funções relacionadas a seu personagem;
5. utilizar funções para incluir comportamentos em um personagem.

Neste capítulo, vamos explorar novos conceitos no desenvolvimento de jogos 2D utilizando o Unity. Os principais elementos que vamos explorar dizem respeito às animações, um fator elementar para uma boa experiência em qualquer jogo.

4.1 Enumeradores

Enumeradores, também chamados de *enums*, são muito úteis no desenvolvimento de *softwares* e *games*, pois permitem deixar os códigos mais elegantes, mais claros e de fácil legibilidade para outros programadores. No desenvolvimento de jogos mais especificamente, podemos utilizar *enums* para representar o estado do jogo e até mesmo para controlar animações. Por exemplo, o personagem pode apresentar diferentes estados: parado, andando ou correndo. Tecnicamente falando, pode haver uma variável para controlar seu estado de animação, como: **char status; // 'P', 'A', 'C'**, em que podemos convencionar um caractere diferente para cada estado.

Entretanto, esse tipo de solução não é muito elegante, além de não facilitar a compreensão do código que está sendo criado. Trabalhar com estados (ou *status*) é uma ótima alternativa para a aplicação de enumeradores.

Um enumerador é definido em uma única linha, na qual, após a palavra *enum*, apresenta-se o nome e detalham-se os respectivos *status* possíveis:

```
enum Estado {Parado, Andando, Correndo};
```

Cada estado do enumerador é considerado uma constante com um valor que a representa. Por padrão, trata-se de um valor inteiro para cada um dos estados definidos, iniciando-se em zero. No exemplo apresentado, **parado** é representado pelo valor zero, ao passo que **andando** é representado pelo valor um e **correndo**, pelo valor dois.

Porém, se for necessário, deverá ser especificado o valor que representa a constante. Por exemplo, consideremos um enumerador declarado como:

```
enum Estado {Parado=1, Andando, Correndo};
```

Nesse caso, o valor de **parado** será um, **andando** será representado pelo valor dois e **correndo**, pelo valor três.

Após o enumerador ser definido, é possível criar variáveis que utilizem esse *enum* como um tipo de dado. No jogo que temos desenvolvido ao longo dos capítulos, podemos declarar uma variável da seguinte forma:

```
Estado estadoPersonagem;
```

O estado do personagem pode ser iniciado com a seguinte função:

```
Start( ) - estadoPersonagem = Estado.Parado;
Essa função pode ser atualizada como:
Update( ) - estadoPersonagem = Estado.Andando;
```

Isso ocorrerá conforme a necessidade e o *game design* que estiver sendo implementado.

Da mesma forma que qualquer tipo de dados, é possível utilizar enumeradores como o retorno de uma função. Por exemplo, podemos criar uma função que retorna o estado atual do personagem:

```
`Estado EstadoAtual()
{
    return estadoPersonagem;
}
```

Como aplicação, essa função pode ser utilizada para especificar em tempo de execução a animação que deve ser apresentada no personagem principal.

4.1.1 Enumeradores públicos ou membros de classes

Ao criar um enumerador no *script* C# que estamos utilizando para desenvolver o jogo no Unity, é possível fazê-lo tanto dentro quanto fora da declaração da classe. Ao criar o *enum* dentro da classe, esse será acessível e possível de utilização somente pela própria classe. Já os enumeradores criados fora são públicos e acessíveis por diferentes classes. Uma boa prática pode ser gerar um arquivo de *script* apenas com *enums*, para facilitar a reutilização desse código em diferentes projetos.

4.2 Sistema de animação

No capítulo anterior, concluímos a movimentação do personagem na cena. Agora, o dinossauro é capaz de andar para ambos os lados e, ainda, saltar entre plataformas. Para promovermos uma imersão completa ao jogador, o próximo passo é que nosso personagem seja animado. Atualmente, ele não se mexe, o que deixa o jogo um pouco estranho. Para trabalharmos com animações em jogos 2D, o Unity oferece um próprio sistema de animação (Unity Technologies, 2022g).

Para começar, precisamos adicionar um novo componente ao *game object* do personagem (Leal, 2020). Trata-se do componente *Animator*, o qual será responsável por gerenciar as animações diferentes que podem ser utilizadas pelo personagem, como: andar, correr, pular e morrer, entre outras, dependendo do conceito do jogo que estiver sendo desenvolvido.

No componente *Animator*, precisamos definir um controlador. Veja que existe a opção para informarmos um *Controller*. Para isso, o primeiro passo, na aba projeto, é criar um *Animator Controller*. Nesse caso, podemos chamar de *controladorPersonagem* e, após criá-lo, basta arrastá-lo para o campo *Controller* do componente *Animator* em nosso personagem. Nesse momento, o personagem está pronto para receber as animações, entretanto, ainda precisamos criá-las.

A criação de animação é feita numa aba específica, que pode ser acessada pelo menu *Window -> Animation*, que permite a visualização da janela mostrada na figura a seguir.

Figura 4.1 – **Janela para criação de animações no Unity**

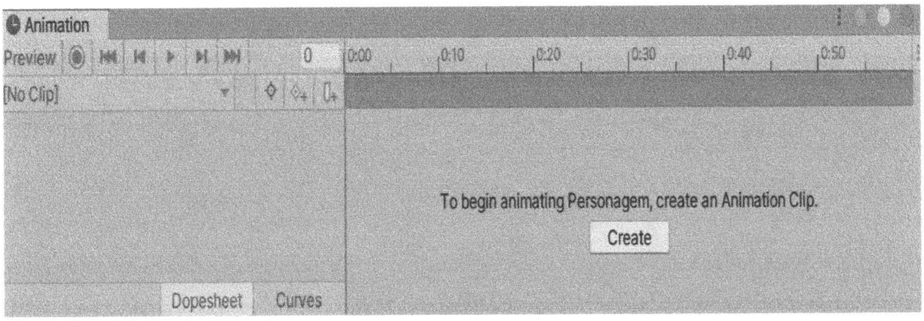

[Imagem da janela Animation do Unity com botão Create]

Fonte: Unity Technologies, 2022g.

As animações são produzidas por meio de videoclipes de animações, os *animation clips*. Para criar um clipe de animação, basta clicar no botão <u>Create</u>. Vamos iniciar nosso estudo pela animação de *idle*, que será exibida quando o personagem estiver parado.

Ao clicar no botão de novo clipe de animação, deve-se informar um nome para a animação. Em nosso exemplo, vamos chamá-la *Idle* e salvá-la numa pasta específica, que irá armazenar todas as animações que criaremos.

Ao criar uma animação, a janela <u>Animation</u> se transforma em uma linha de tempo. Agora, basta, na aba <u>Projeto</u>, selecionar todos os *sprites* que compõem o *status* de *idle* e arrastá-los para a linha do tempo. Para isso, deve-se utilizar a linha do tempo e deslocar o marcador da extremidade da direita para aumentar ou diminuir o tempo necessário para a exibição de todos os *sprites* que formam a animação.

Figura 4.2 – **Linha do tempo de animação**

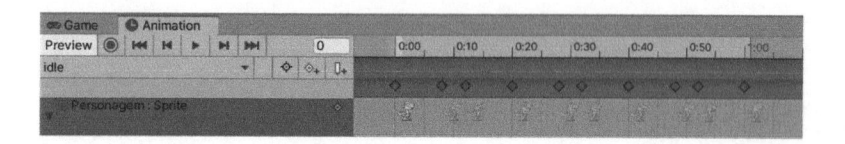

Fonte: Unity Technologies, 2022g.

Agora, basta repetir esses passos para criar as demais animações. A única diferença é que agora o botão *Create* não está mais disponível. Para gerar um videoclipe de animação, deve-se utilizar a caixa de seleção em que se destaca a animação de *idle* na qual se está trabalhando e escolher a opção *Create New Clip*.

Figura 4.3 – **Criação de um videoclipe de animação**

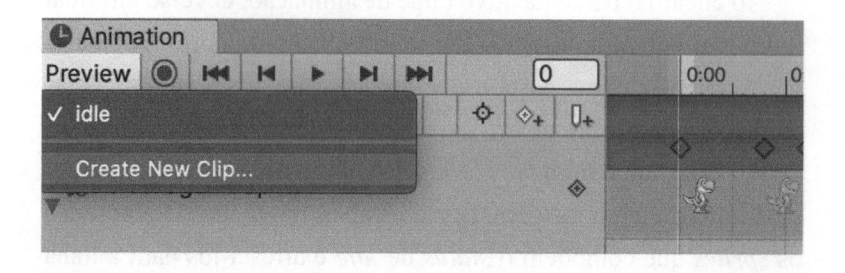

Fonte: Unity Technologies, 2022g.

Com as animações de *idle*, *run* e *walk* criadas, o próximo passo é trabalhar na transição entre elas para que o personagem apresente a movimentação adequada ao momento que está sendo representado. Para isso, o Unity oferece a ferramenta *Animator*, acessível por um duplo clique no botão *Animator Controller* que foi criado previamente ou ainda disponível pelo menu *Window -> Animation - > Animator*. Ao acessar essa aba, é possível verificar todas as animações que foram criadas, sendo que cada uma é considerada um estado do personagem, pois, para transicionar as animações, o Unity trabalha com o conceito de máquina de estados. Nesse conceito, as animações representam estados específicos e diferentes e as transições que os conectam são utilizadas para definir as condições particulares a fim de que cada estado seja apresentado.

Inicialmente, ao acessar o *Animator*, visualizam-se as animações que foram criadas, representadas como estados (Figura 4.4).

Figura 4.4 – **Animações representadas por meio de estados**

[Entry] [Idle] [Run] [Walk]

Fonte: Unity Technologies, 2022g.

Ao analisar os estados, é possível observar um chamado *Entry*, em verde, que representa o ponto de partida do sistema de animação. Ele já é automaticamente conectado com a primeira animação criada, a de *idle*. Esse é o motivo pelo qual, se for executado o jogo, o personagem iniciará na animação de *idle*.

4.2.1 Especificando transições

Transições de estados de animação são visualmente representados no *Animator Controller* por meio de setas que conectam diferentes estados. Por padrão, o estado de entrada já se inicia conectado à primeira animação criada (flecha laranja, conforme a Figura 4.4). Com isso, o passo seguinte consiste na definição da transição para os próximos estados.

Para criar uma transição, basta apenas clicar com o botão direito do *mouse* no estado de origem, escolher a opção *Make Transition* e, em seguida, conectar a seta com o estado de destino. No momento de definir as transições, é necessário pensar a ordem em que os estados devem ser realizados. Para o personagem já criado, é preciso ter em mente os seguintes aspectos:

- Quando parado (*idle*), o personagem pode começar a andar (*walk*).
- Se estiver andando (*walk*), o personagem pode começar a correr (*run*) ou voltar a ficar parado (*idle*).
- Quando estiver correndo (*run*), o personagem pode voltar a caminhar (*walk*) ou escolher ficar parado (*idle*).

Com todas as transições configuradas, é possível visualizar a máquina de estados definida para o personagem no *Animator*, como mostra a Figura 4.5.

Figura 4.5 – **Máquina de estados representando as transições entre as animações executadas pelo personagem**

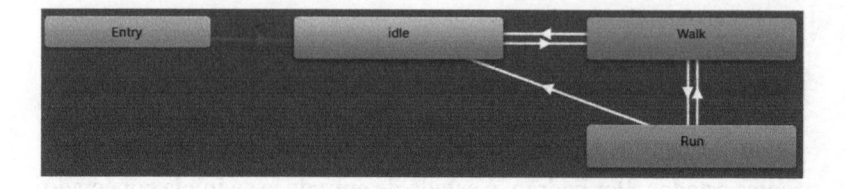

Fonte: Unity Technologies, 2022g.

Entretanto, se o jogo for executado nesse momento, as animações serão transacionadas em *loop* e sem nenhum fundamento. Para a definição de critérios que condicionem a execução de uma animação, podem ser considerados parâmetros, por exemplo: na transição das animações de movimento, o parâmetro levado em conta pode ser o estado do personagem, que foi criado anteriormente utilizando-se um enumerador. Para isso, na parte esquerda do módulo *Animator*, encontra-se a região em que se podem definir parâmetros. Para esse exemplo, vamos criar o parâmetro *Estado*, do tipo *float*.

Com o parâmetro criado, o próximo passo diz respeito à configuração das transições entre as animações para que considerem esse parâmetro em suas condições. Esse processo é feito por meio dos seguintes passos:

1. No *Animator*, selecionar a transição.
2. Com a transição selecionada, procede-se, no *Inspector*:
   A. Confirmar que a opção *Has exit time* está desmarcada.
   B. Definir como **zero** o parâmetro *Transition duration*.
   C. Especificar a condição, utilizando o parâmetro *Estado*, previamente definido no *Animator*.

Figura 4.6 – **Configuração de transições**

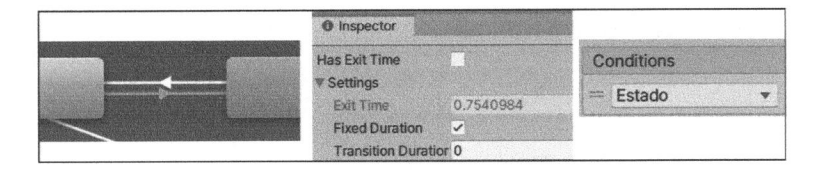

Fonte: Unity Technologies, 2022g.

Ao todo, cinco transições foram definidas na máquina de estados de animação. Para cada transição, o parâmetro *Estado* deve ser considerado de maneira diferente. Assim, deve-se confirmar se as transições estão definidas da seguinte forma:

- De *idle* para *walk*: Estado *greater* 0.
- De *walk* para *run*: Estado *greater* 1.
- De *run* para *walk*: Estado *less* 2.
- De *run* para *idle*: Estado *less* 1.

O passo seguinte, após carregadas as animações e definidas as transições, consiste em relacionar o *status* atual do personagem com a animação que deve ser exibida. Para isso, é necessário que o *script* que controla o personagem atualize o parâmetro criado no <u>Animator</u> e ative a transição de animação. Para criar esse relacionamento, devem-se observar os seguintes passos no *script* controlador do personagem:

1. Declarar um objeto para controlar o <u>Animator</u> de forma dinâmica:

```
Animator animator;
```

2. Na função `Start ( )`, é necessário definir que o personagem inicie parado e que o <u>Animator</u> recém-declarado controle o <u>Animator Controller</u> utilizado na cena, em que são especificadas as animações do personagem:

```
estadoPersonagem = Estado.Parado;
Animator = GetComponent<Animator>( );
```

3. Na função de movimento, é preciso aumentar a velocidade do personagem caso ele esteja correndo, pois, além da animação de corrida, o dinossauro precisa se mover mais rápido. Para isso, devem ser utilizados os seguintes comandos:

```
float vel = velocidade;
if (estadoPersonagem == Estado.Correndo)
{
        vel *= 3;
}
position.x = position.x + vel * moveX * Time.deltaTime;
transform.position = position;
```

4. Verificar o controle de *inputs* a fim de saber se o personagem está parado, andando ou correndo e, com base nessa verificação, atualizar o parâmetro *Estado* do <u>Animator Controller</u>, para que a máquina de estado das animações apresente a animação correspondente ao comando de entrada. Para controlar o personagem, são usadas teclas do teclado. Para que o personagem corra, é necessário que, durante o movimento, o jogador mantenha a tecla *Shift* esquerda pressionada.

```
if (Mathf.Abs(moveX) == 0)
{
        estadoPersonagem = Estado.Parado;
}
else
{
```

```
            estadoPersonagem = Estado.Andando;
            if (Input.GetKey(KeyCode.LeftShift))
                            estadoPersonagem = Estado.Correndo;
            }
    animator.SetFloat("Estado", (float)estadoPersonagem);
```

Nesse caso, o personagem só passará a correr caso estiver andando.

5. No Unity, é necessário relacionar o *Animator* que foi criado para controlar as animações com o atributo público declarado no *script*. Dessa forma, o código previamente especificado irá afetar diretamente as animações do personagem.

Com a realização dessas etapas, é possível relacionar as animações criadas e controlá-las por meio do *script*. A partir de agora, ao executar o jogo, é possível observar que as animações correspondentes ao estado do personagem serão exibidas.

Figura 4.7 - **Personagem exibindo animações correspondentes ao estado que se encontra: parado ou correndo**

4.2.2 Criando animações utilizando a técnica de *blend tree*

A utilização da técnica de *blend tree* possibilita a implementação de uma característica muito comum ao se trabalhar com animação: combinar duas ou mais animações distintas, apresentando ao usuário uma desenho suave no qual é quase imperceptível o momento em que os clipes distintos são inicializados ou finalizados.

Nessa técnica, para animar o pulo do personagem, é necessário criar um *animation clip* para cada *sprite* que compõe a animação. Considerando-se o exemplo do dinossauro, a animação do pulo é composta por 12 *sprites* – logo, haverá 12 *animation clips*, cada qual com apenas uma imagem.

Figura 4.8 – *Animation clips* individuais para os *sprites* que compõem a animação do pulo do personagem

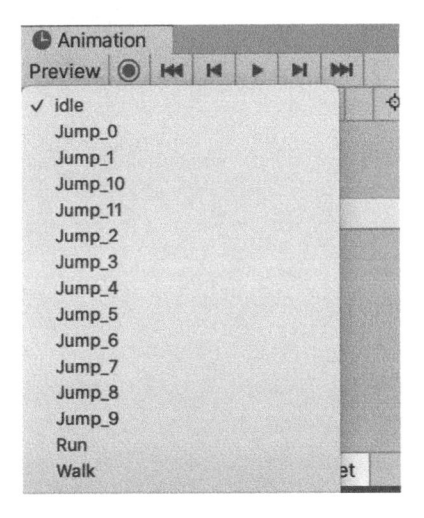

Fonte: Unity Technologies, 2022g.

Automaticamente, todos os *animation clips* foram inseridos no _Animator Controller_. Nessa técnica, não se trabalha diretamente com eles e, por isso, eles podem ser removidos do _Animator_. Ao deletar os *animations clips* no _Animator_, eles serão removidos desse painel, mas continuarão disponíveis para serem utilizados, ou seja, o trabalho de criar diversos *animation clips* não foi em vão.

O próximo passo é criar uma *blend tree* no _Animator_. Para isso, deve-se clicar com o botão direito do *mouse*, escolher _Creat State_ e selecionar a opção _From new Blend Tree_. Depois, renomeia-se o novo estado para *Jump* e observa-se se foi criado no painel do _Animator_ com os demais estados – porém, ainda não está conectado à máquina de estados.

Como o pulo pode ser acionado a partir de qualquer estado, é preciso executar as transições seguintes: *any state, jump* e *idle*. Não se deve esquecer de configurar as opções _Has exit time_ e _exit duration_ da mesma forma que foi feito nas transições anteriores.

Figura 4.9 - **Nova configuração da máquina de estados da animação, considerando-se a animação de pulo**

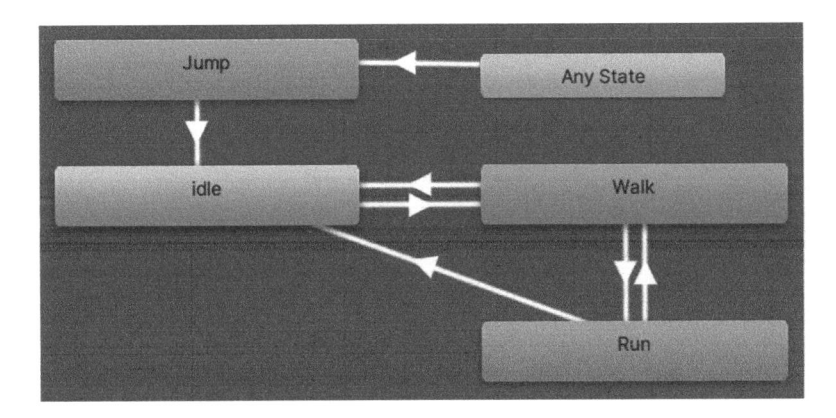

Fonte: Unity Technologies, 2022g.

Com as transições definidas, o próximo passo é especificar os parâmetros que serão utilizados para habilitar a transição. Será preciso um parâmetro do tipo ***bool***, chamado *noChao*, e um parâmetro de tipo ***float***, que terá o nome de *velocidadeVertical*. Na transição *Any state* para *jump*, adiciona-se a condição *noChao = false* e outra condição conectando *jump* e *idle*, definindo o parâmetro *noChao = true*.

O passo seguinte consiste em referenciar na <u>blend tree</u> os *animation clips* que criamos. Para isso, deve-se clicar duas vezes no estado *Pulo* (<u>blend tree</u>) a fim de acessar o painel de edição. Com a <u>blend tree</u> selecionada, deve-se confirmar, no <u>Inspector</u>, que a opção <u>blend type</u> esteja definida como *1D* e especificar a opção <u>Parameter</u> como *velocidadeVertical*. Na sequência, deve-se inserir na lista de animações todos os *animation clips* para que fique como mostra a Figura 4.10.

Figura 4.10 – **Configuração dos *animation clips* na <u>blend tree</u>**

Motion	Thresh	
Jump_11	-6	1
Jump_10	-5	1
Jump_9	-4	1
Jump_8	-3	1
Jump_7	-2	1
Jump_6	-1	1
Jump_5	0	1
Jump_4	1	1
Jump_3	2	1
Jump_2	3	1
Jump_1	4	1
Jump_0	5	1

Fonte: Unity Technologies, 2022g.

Por fim, basta atualizar o *script* para controlar as transições. Deve-se definir que, quando o personagem não estiver no chão, estará pulando. Para isso, é preciso seguir os seguintes comandos:

- Na função `FixedUpdate( )`, após verificar se o personagem está no chão, deve-se adicionar:

```
animator.SetBool("noChao", noChao);
```

- Na função **Update( )**, verifica-se se o pulo foi acionado e adiciona-se, ao fim da condição, o seguinte comando:

```
animator.SetBool("NoChao", false);
```

Agora, a mecânica de plataforma está pronta. Assim, basta clicar no *Play* e fazer o personagem se mover, andar e pular. Pode-se ir além e criar outras plataformas.

Figura 4.11 – **Animação do pulo**

A seguir, disponibilizamos o código do *script* do personagem para que você possa verificar qualquer dúvida e compreender a sequência de atividades que definimos.

Figura 4.12 – **Script do personagem**

```
public class Personagem : MonoBehaviour
{
    public float velocidade;
    public string nome;
    public Transform verificaChao;
```

```csharp
    public LayerMask chao;

    int qtdVida;
    bool noChao = true;
    float raioChao = 0.2f;
    bool puloDuplo = false;
    enum Estado {Parado, Andando, Correndo };
    Estado estadoPersonagem;
    Animator animator;

    void Start()
    {
        estadoPersonagem = Estado.Parado;
        animator = GetComponent<Animator>();
        qtdVida = 100;
    }

    private void Update()
    {
        Mover();
    }

    private void FixedUpdate()
    {
        noChao = Physics2D.OverlapCircle(verificaChao.position, raioChao, chao);
        animator.SetBool("noChao", noChao);
    }
```

```csharp
    void Mover()
    {
        float moveX = Input.GetAxis("Horizontal");
        Vector2 position = transform.position;
        float vel = velocidade;

        if (estadoPersonagem == Estado.Correndo)
        {
            vel *= 3;
        }
        position.x = position.x + vel * moveX * Time.deltaTime;
        transform.position = position;

        if (Mathf.Abs(moveX) == 0)
        {
            estadoPersonagem = Estado.Parado;
        }
        else
        {
            estadoPersonagem = Estado.Andando;

            if (Input.GetKey(KeyCode.LeftShift))
                estadoPersonagem = Estado.Correndo;
        }

        animator.SetFloat("Estado", (float)estadoPersonagem);
```

```
            animator.SetFloat("VelocidadeVertical", vel);


        if (Input.GetKeyDown("space") && (noChao ||
puloDuplo))
        {
            GetComponent<Rigidbody2D>().AddForce(transform.
up * 200);
            puloDuplo = !puloDuplo;
            animator.SetBool("NoChao", false);
        }
        if (Input.GetAxisRaw("Horizontal") > 0)
        {
            transform.eulerAngles = new Vector2(0, 0);
        }
        if (Input.GetAxisRaw("Horizontal") < 0)
        {
            transform.eulerAngles = new Vector2(0, 180);
        }
    }
}
```

4.2.3 Animando itens de uma *sprite sheet*

Em algumas situações durante o desenvolvimento de um jogo, as imagens que compõem uma animação podem ser adquiridas em um único arquivo de imagem, denominado *sprite sheet*. Essa é uma prática comum na indústria, pois facilita, entre outras coisas, a organização dos elementos visuais em arquivos específicos.

Quando isso acontece, para criar as animações, é preciso trabalhar com um nível a mais de detalhe em relação ao que vimos até agora no que se refere ao trabalho com imagens individuais. Nesse caso, antes de começar o processo de animação, é necessário separar as imagens. Para isso, o Unity oferece uma ferramenta denominada *Sprite Editor*.

Antes de acessar o *Sprite Editor* para separar as imagens, deve-se seguir alguns passos para configurar a imagem que será dividida:

1. Na aba *Project*, selecionar a imagem que contém todas as outras ilustrações. Ao selecioná-la, na aba *Inspector*, será possível configurar as definições de importação, ou *import settings*.
2. No *Inspector*, é preciso certificar-se de que a opção *Texture Type* está selecionada como *sprite (2D and UI)*, e a opção *Sprite Mode* está definida como *multiple*.

Figura 4.13 – **Configuração inicial de uma *sprite sheet***

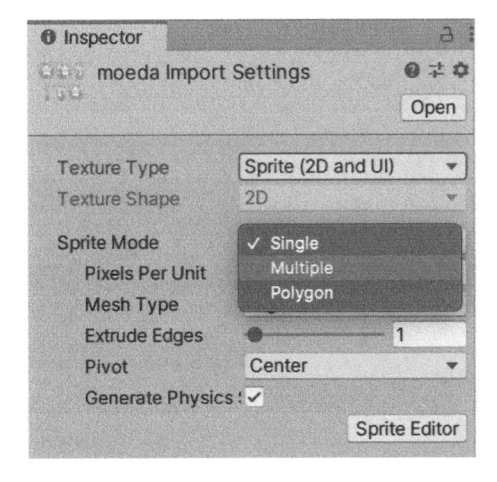

Fonte: Unity Technologies, 2022g.

Após ajustar as configurações, não se deve esquecer de clicar no botão *Apply*, na parte inferior do *Inspector*.

Com as configurações realizadas, pode-se, então, acessar o *Sprite Editor* pelo botão específico. Assim, uma nova janela irá se abrir e, no menu *Slice*, deve-se selecionar a opção de automático e clicar no botão *Slice*. Dessa formas, cada imagem pode ser selecionada individualmente. É preciso verificar se a área de seleção de cada imagem está correta e, em seguida, acionar a opção *Apply*.

Figura 4.14 – **Sprite Editor**

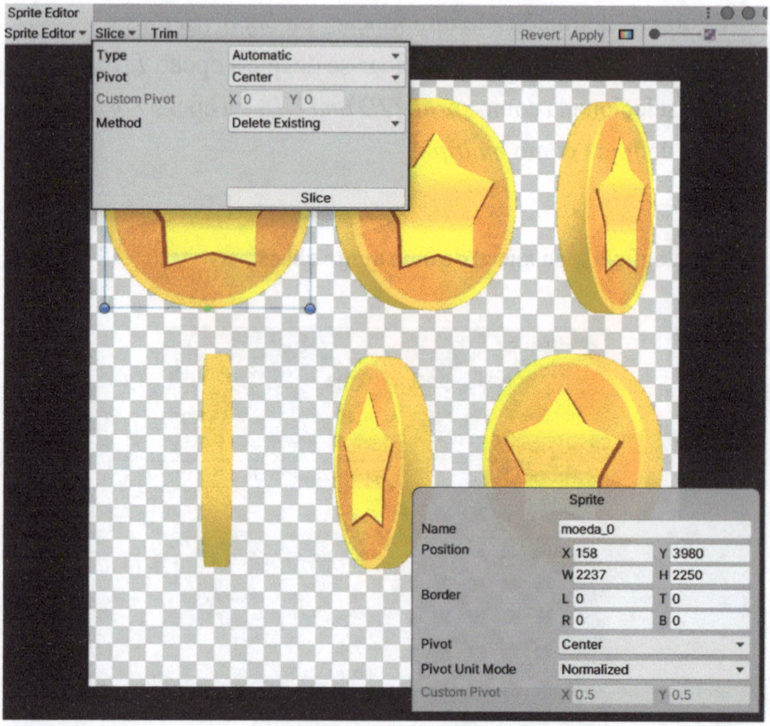

Fonte: Unity Technologies, 2022g.

Após finalizar o processo de divisão, as imagens poderão ser acessadas separadamente. Agora, basta inserir as *sprites* na cena e configurar a animação.

> **PRESTE ATENÇÃO!**
>
> Se todas as imagens da animação forem selecionadas e arrastadas para a cena, a opção de criar a animação será iniciada automaticamente, cabendo ao desenvolvedor informar o nome do projeto e salvá-lo.

4.3 Implementação de colisão 2D para itens coletáveis

Nesta seção, vamos verificar como inserir na cena itens coletados, por exemplo, as moedinhas do Mario ou os anéis do Sonic. Para isso, o primeiro passo é introduzir os itens coletáveis na cena e configurar seus componentes.

Como exemplo, vamos inserir uma única moeda na cena e adicionar a ela o componente *Circle Collider 2D* – mais adiante, veremos como automatizar e criar várias moedas utilizando *scripts*. Nesse componente, é necessário marcar a opção *Is Trigger*, a qual possibilita a identificação de quando o outro *game object* – nesse caso, o jogador (*player*) – encostar na moeda.

Para verificar a colisão entre o personagem e a moeda, é preciso criar um *script* controlador chamado *Moeda.cs*, cuja função é identificar quando o personagem colidir com a moeda para efetuar a mecânica de captura, que consiste em remover a moeda da cena e calcular a pontuação do jogador.

No *script Moeda*, vamos implementar a função `OnTriggerEnter2D`, que é padrão do Unity e será acionada sempre que outro *game object* entrar no colisor da moeda (desde que o outro objeto tenha em si o componente *Rigid Body*). A declaração da função deve ser feita da seguinte maneira:

```
private void OnTriggerEnter2D(Collider2D other)
```

Essa função recebe como parâmetro o objeto que colidir com a moeda, nesse caso, chamado *other*. Assim, é preciso verificar que o objeto *other* é o *player*. Essa identificação é feita verificando-se a *tag* do objeto. Para isso, no *game object* do personagem, deve-se definir sua *tag* como *Player*.

Figura 4.15 – **Especificação da *tag Player* no personagem principal**

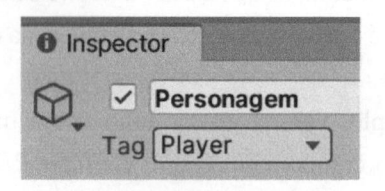

Fonte: Unity Technologies, 2022g.

Portanto, a função a ser implementada no *script Moeda* deve ficar da seguinte forma:

```
private void OnTriggerEnter2D(Collider2D other)
{
if(other.CompareTag("Player"))
    {
```

```
                    gameObject.SetActive(false);
        }
}
```

4.4 Um olhar aprofundado sobre o uso de *scripts*

Agora, vamos aprofundar a potencialidade de trabalhos com *scripts*. Da mesma forma que os demais tipos de componentes oferecidos pelo Unity, um *script* pode ser inserido em um ou em vários *game objects* para promover a produção dos costumes a serem utilizados no jogo. A seguir, detalhamos uma série de funcionalidades que podem ser implementadas para alterar o comportamento de um *game object* em tempo de execução.

4.4.1 Funções padrão em *scripts* do Unity

A implementação de *scripts* no Unity é organizada em funções. Como apresentamos no Capítulo 2, uma função permite modularização, organização e reutilização de códigos, trazendo *performance* e elegância a eles. Em um *script* na linguagem C#, é possível criar funções com diferentes propósitos. Porém, no Unity, alguns nomes se encontram reservados pela ferramenta e, quando utilizados na nomenclatura de uma função, trazem comportamentos e funcionalidades específicas. A seguir, analisamos as funções que são predefinidas pelo Unity para serem consideradas em *scripts*.

4.4.1.1 *Awake* e *Start*

As funções `Awake( )` e `Start( )` são chamadas automaticamente quando um *script* é carregado. Em outras palavras, elas são executadas apenas uma vez, quando o *script* é iniciado.

- `Awake( )` – É a primeira função a ser executada e é chamada mesmo que o *script* esteja desabilitado na aba *Inspector*.
- `Start( )` – É acionada logo após a execução da função `Awake( )`, porém, apenas quando o *script* está habilitado. Para habilitar ou desabilitar um *script*, deve-se utilizar o *check box* disponível ao lado do ícone do componente, no *Inspector*, conforme apresentado na figura a seguir.

Figura 4.16 - **Componente *script*: uso do *check box* para habilitar ou desabilitar o componente**

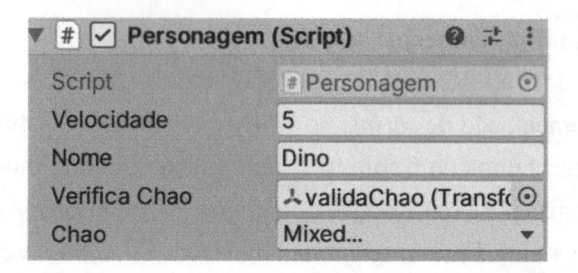

Personagem (Script)	
Script	Personagem
Velocidade	5
Nome	Dino
Verifica Chao	validaChao (Transfo
Chao	Mixed...

Fonte: Unity Technologies, 2022g.

Para verificar na prática a diferença entre a execução das duas funções, sugerimos que você implemente o seguinte *script* e execute--o em dois cenários: com ele ativado e, depois, desativado. Em ambas as execuções, observe o console do Unity: a mensagem definida na função `Awake( )` será sempre exibida, ou seja, essa função é sempre executada, mesmo que o componente *script* esteja desabilitado.

4.4.1.2 Update e Fixed Update

A função `Update( )` pode ser considerada uma das mais utilizadas quando se trabalha com *scripts* no Unity. Essa função é acionada uma vez a cada *frame* para todos os *scripts* que estiverem ativos e vinculados aos *game objects*. Nessa função, é possível, entre outras coisas, ler *inputs* de teclado e *joystick*, além de realizar transformações geométricas.

Visto que essa função é executada uma vez a cada *frame*, nem sempre o intervalo entre chamadas da função `Update( )` é o mesmo. Isso acontece porque, em determinados casos, a produção de um *frame* específico pode levar mais tempo do que a de outros *frames*.

Já a função `FixedUpdate( )` uniformiza a diferença de tempo entre chamadas. Após a execução dessa função, o *pipeline* de trabalho do Unity realiza todos os cálculos físicos. Dessa forma, para melhorar a eficiência do jogo que está sendo desenvolvido, sempre que for alterado algum elemento de física – por exemplo, um *rigidBody* –, deve-se utilizar a função `FixedUpdate( )`. Para validar a diferença entre as duas funções, é possível imprimir a variação de tempo da chamada de cada uma delas, usando o método *Time.DeltaTime*. Nesse caso, deve-se inserir o *script* a seguir no personagem e observar que a mensagem no console irá mostrar sempre o mesmo intervalo de tempo para a função `FixedUpdate( )`, ao passo que o tempo de chamada da função `Update( )` será variável.

```
    private void Update()
    {
        Debug.Log("Update time :" + Time.deltaTime);
    }
    private void FixedUpdate()
    {
        Debug.Log("FixedUpdate time :" + Time.deltaTime);
    }
```

Scripts são ferramentas essenciais no desenvolvimento de jogos. Considerando as funções que você acabou de conhecer, explore o projeto atual, crie outros e teste situações diferentes, além de utilizar o potencial das funções predefinidas que acabamos de conhecer.

No próximo capítulo, seguiremos explorando conceitos que irão incrementar ainda mais a experiência oferecida por nosso jogo e aprofundar seus conhecimentos como desenvolvedor.

G-Stock Studio/Shutterstock

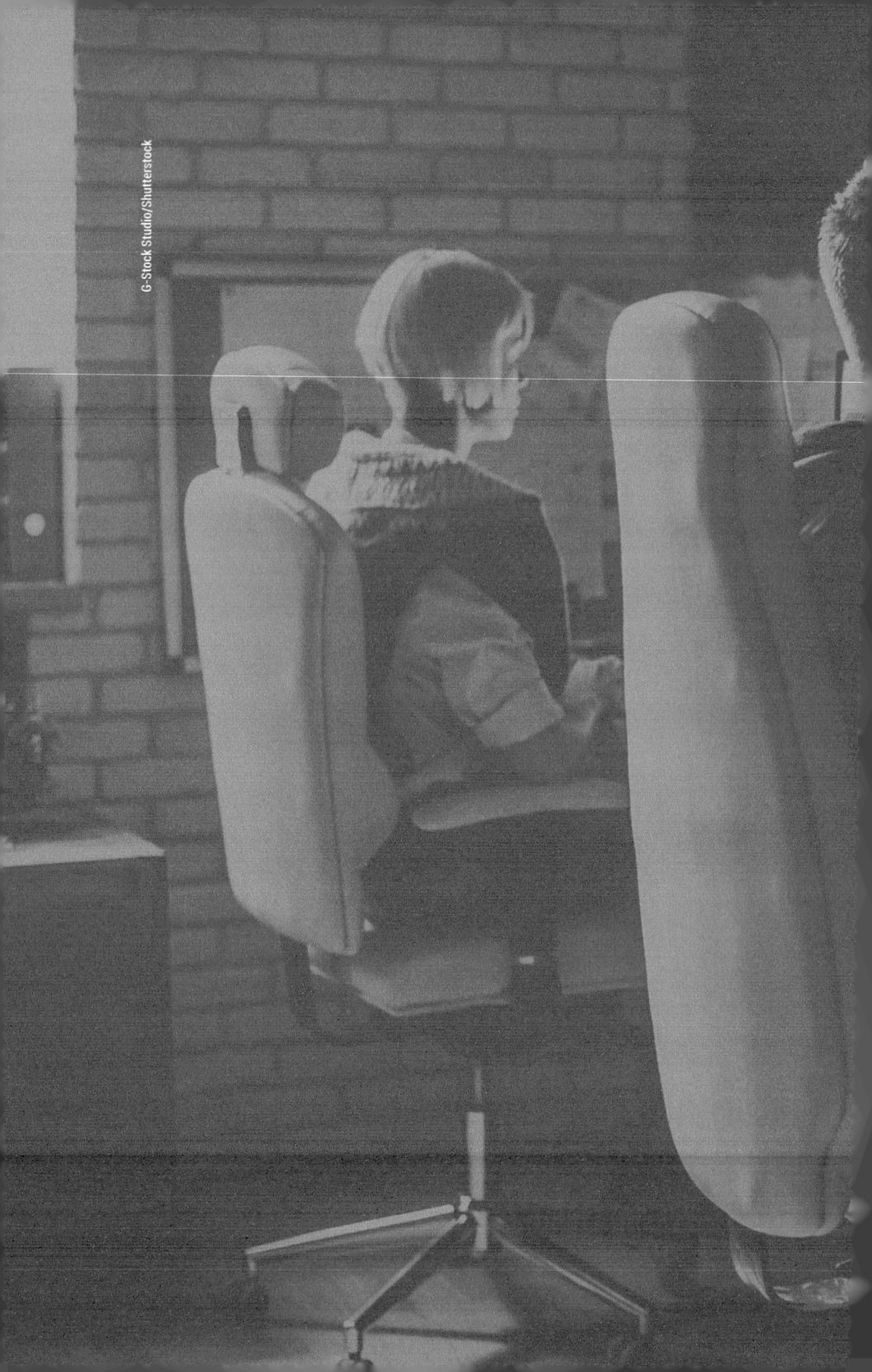

CAPÍTULO 5

AGILIDADE E QUALIDADE NO PROCESSO DE DESENVOLVIMENTO DE JOGOS

Conteúdos do capítulo

- Novas funcionalidades do Unity.
- Reutilização de elementos.
- Uso de prefabs.
- Comunicação entre *scripts*.
- Finalização do *level*.

Após o estudo deste capítulo, você será capaz de:

1. apontar novas funcionalidades do Unity;
2. compreender a importância da reutilização de elementos;
3. utilizar prefabs em seus *scripts*;
4. empregar recursos de transição entre *scripts*;
5. identificar a melhor forma de finalizar um *level*.

Neste capítulo, iremos explorar outras funcionalidades do Unity, criando *scripts* em linguagem C# a fim de produzir diversas ações que vão desde mecânicas até a definição de aspectos relacionados à arquitetura de jogos.

Um dos pontos fortes que abordaremos é a reutilização de elementos, o que traz agilidade e qualidade ao processo de desenvolvimento de um jogo. Além disso, veremos como inimigos podem ser incluídos na partida e, inclusive, causar danos ao personagem principal, fazendo com que seja necessário definir uma mecânica de *game over*.

5.1 Reutilização de elementos

Uma das principais características de um bom processo de programação diz respeito à reutilização de elementos. Até agora, o jogo que estamos desenvolvendo como exemplo com apenas um personagem e uma moeda na plataforma. Entretanto, para uma boa experiência no jogo, pode ser preciso distribuir várias moedas ao longo das fases. Como sabemos, a moeda está configurada em um *game object* e tem sob seu controle elementos de animação e de colisão.

Um *game object* é configurado inicialmente para ser utilizado em uma cena específica. Entretanto, o Unity permite que sejam criadas várias cenas, sendo que cada uma pode apresentar um *level design* diferente. Sabendo que o personagem irá coletar moedas em todas as cenas, é importante reutilizar o *game object* criado na cena inicial em outros locais. Para permitir isso, o Unity trabalha com o conceito de prefabs.

Um **prefab** pode ser considerado um *template* ou um modelo para um *game object*. O sistema de prefabs do Unity permite que um *game object* seja armazenado como um *asset* do projeto e reutilizado, mantendo todos os seus componentes e suas propriedades, inclusive os *game objects* filhos.

A criação de um prefab não exige nenhuma configuração específica. O *game object* é gerado normalmente e então transformado em um prefab. Para transformar um *game object* em um prefab, basta que este seja arrastado da aba *Hierarquia* para a aba *Projeto*. Dessa forma, é criado um novo *asset* no projeto. Uma boa prática na utilização do Unity consiste em abrir uma pasta específica para armazenar os prefabs. Os elementos do tipo *prefab* passam a ter o ícone em azul.

Figura 5.1 – **O *game object* moeda foi transformado em um prefab**

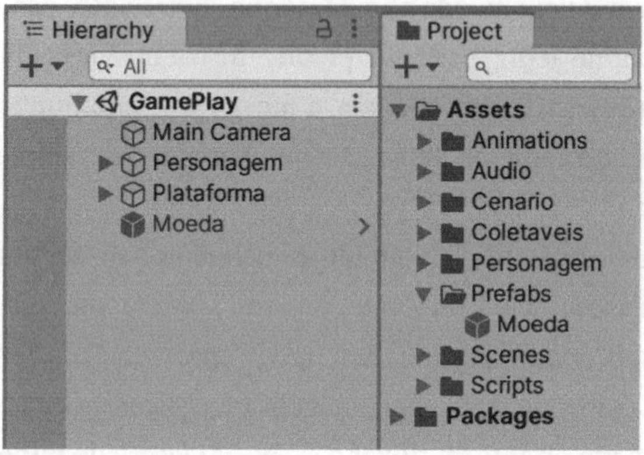

Fonte: Unity Technologies, 2022g.

A diferença entre replicar um objeto utilizando um prefab e apenas copiá-lo e colá-lo é que, no caso daquele, é possível modificar o objeto base, ação que pode ser reproduzido automaticamente para todas as cópias do prefab em questão.

Para inserir elementos na cena, basta fazer como em qualquer outro *asset*: arrastar o *game object* para o local da cena que se deseja. Além disso, prefabs são utilizados para possibilitar que *game objects* sejam criados em tempo de execução, ou seja, eles não estão na cena quando ela é iniciada – por exemplo, um *power up*, que é liberado em determinado momento do *game play*.

Figura 5.2 – **Utilização do prefab criado para representar a moeda**

MÃOS À OBRA

Agora que você já conhece a configuração e a utilização de prefabs, utilize essa técnica para configurar seu *level*. Ao rodar o jogo, observe como o comportamento das moedas funcionará perfeitamente para cada uma delas, ou seja, elas serão coletadas apenas quando o personagem colidir com elas.

5.2 Instanciando[1] prefabs automaticamente

Inicialmente, imaginemos a seguinte situação: um inimigo percorre a plataforma da esquerda para direita. Caso o personagem não o elimine, ele é destruído ao atingir a extremidade da tela e outro inimigo renasce no início da plataforma. Para desenvolver essa situação, é preciso executar os seguintes passos:

1. Importar um conjunto de *sprites* que representa o inimigo e salvar uma animação.
2. Criar um *script* para controlar o inimigo.
3. Para sua movimentação, deve-se utilizar o seguinte comando, no método update( ):

```
transform.Translate(Vector2.left * velocidade * Time.deltaTime);
```

A variável *velocidade* foi declarada como pública, do tipo *float*.

---

[1] No desenvolvimento de *games*, é comum o uso do verbo *instanciar* (significa "criar uma instância") que não consta nos dicionários de língua portuguesa.

4. Verificar se o inimigo saiu da área do jogo.

Para verificar se o inimigo saiu da área do jogo, utiliza-se como referência a plataforma. Caso o valor do *transform.x* do inimigo esteja menor do que o do início da plataforma, ele deve desaparecer. Porém, antes disso, é necessário instanciar em tempo de execução uma nova cópia de seu prefab no outro extremo da tela. Veja a seguir o código do *script* que controla o inimigo e implementa essa funcionalidade.

```
public float velocidade;
public GameObject novoInimigo;
void Update()
{
    transform.Translate(Vector2.left * velocidade * Time.deltaTime);
    if (transform.position.x < -10)
    {
        Instantiate(novoInimigo, new Vector3 (8,-2,0), Quaternion.identity);
        gameObject.SetActive(false);
    }
}
```

Observe nesse código que existe uma variável pública que armazena um *game object*. Nesse parâmetro, por meio do *Inspector*, deve-se referenciar o prefab do inimigo. Com isso, é possível utilizar o comando *Instantiate*, que recebe como parâmetro a variável do tipo *game object*, um *vector* 3, representando a posição [x, y, z], em que será criada a instância do novo objeto e de sua rotação (que, nesse caso, é nula).

PRESTE ATENÇÃO!

O Unity usa internamente *Quaternions* (Unity Technologies, 2022c) para representar todas as rotações. O comando *Quaternion.identity* significa que nenhuma rotação será aplicada no *game object* que será instanciado.

5.3 Comunicação entre *scripts*

Ao observar o trabalho que desenvolvemos até agora, podemos verificar que cada *script* implementado era autossuficiente. Porém, pode haver uma situação diferente. Imaginemos que o inimigo colida com o personagem. Nesse momento, é necessário que este tenha sua saúde diminuída, e essa operação é executada em uma função que faz parte de seu *script*. Considerando-se que, no personagem, a função se chame `SofreDano( )` e seja pública, é preciso invocá-la por meio do *script* do inimigo quando uma colisão for detectada. Dessa forma, é possível implementar o seguinte código no inimigo:

```
private void OnTriggerEnter2D(Collider2D other)
{
    if(other.CompareTag("Player"))
    {
        if(tempoDano==0)
```

```
            {
                    //Acessa o game Object
Personagem e gera o dano
                    other.
GetComponent<Personagem>().SofreDano();
            }
                    tempoDano += Time.deltaTime;
        }
    }
```

Porém, supondo que o inimigo permaneça colidindo por alguns *frames*, o dano será constante e instantaneamente o personagem estará "morto". Para evitar essa situação, está presente na função a condição que considera o tempo de um dano antes de permitir que um novo aconteça. O intervalo de tempo é definido no método Update( ), no qual é especificado quantos segundos depois de um dano o personagem pode sofrer um novo com o seguinte comando:

```
if (tempoDano > 2)
        {
tempoDano = 0;
        }
```

Já no *script* que controla o personagem, deve-se implementar a função SofreDano( ) considerando-se as seguintes regras:

- O personagem tem três vidas.
- Cada vida tem três pontos de saúde; logo, uma vida será perdida apenas após o personagem sofrer danos por três vezes.

- Ao iniciar uma nova vida, os pontos de saúde são definidos novamente como três.
- Quando a última vida for perdida, deve ser executada uma animação de morte e o *status* do personagem será definido como "!morto".

Para cumprir essas regras, o primeiro passo é definir as variáveis de vida e de pontos de saúde e a variável que irá controlar se o personagem está vivo ou morto:

```
private int qtdVida;
private int ptsSaude;
private bool vivo;
```

No método `Start( )`, as variáveis devem ser inicializadas da seguinte forma:

```
qtdVida = 3;
ptsSaude = 3;
vivo = true;
```

Com as variáveis criadas e devidamente inicializadas, pode-se implementar o seguinte código com as regras especificadas para a função `SofreDano( )`:

```
public void SofreDano( )
{
ptsSaude--;
            if (ptsSaude == 0)
            {
                    qtdVida--;
```

```
                    if (qtdVida == 0)
                    {
                            animator.SetBool("morreu",
true);
                            vivo = false;
                    }

                    else
                            ptsSaude = 3;
        }
}
```

5.4 Controlador da fase

Independentemente do jogo com o qual se está trabalhando, uma de suas fases estará relacionada a diferentes elementos, como cenário, personagem e pontuação, entre outros. Dessa forma, é interessante trabalhar com um objeto controlador dessa fase. Para isso, deve-se criar um novo *game object* chamado *Level Manager* e nele adicionar o componente *script*, que pode ser denominado *LevelManager.cs*. Esse *script* será responsável por gerenciar os seguintes itens:

- O tempo que o jogador leva para a completar a fase.
- A pontuação.
- A conclusão do *level*: sucesso ou *game over*.
- O controle de cenas para iniciar novas fases.

5.4.1 Monitorando o tempo de jogo

Em diversos jogos, uma funcionalidade básica diz respeito ao monitoramento de tempo do *game play*. Essa funcionalidade traz inúmeras possibilidades ao processo de *game design*, pois é possível considerar situações como:

- Desafiar o jogador a terminar a fase em determinado tempo.
- Criar um *ranking* e apresentar os jogadores mais rápidos em concluir as fases.
- Conhecer as estatísticas de jogo, por exemplo, o tempo médio que os jogadores levam para concluir a fase ou, ainda, após quanto tempo de jogo os jogadores desistem e abandonam a fase.

Para computar o tempo transcorrido na fase, pode-se utilizar o comando *Time.deltaTime* (Unity Technologies, 2022f), que retorna o tempo em segundos entre um *frame* e outro. Dessa forma, é possível acumular a informação a fim de saber o tempo de jogo. Considerando que se deseja apresentar para o jogador o tempo transcorrido em minutos:segundos, podem ser criadas duas variáveis:

```
int minutos
float segundos
```

A variável **segundos** deve ser *float*, pois, como o *Time.DeltaTime* retorna o valor a cada *frame*, deve-se trabalhar com valores decimais. Porém, é possível criar também uma variável ***int segundosInt;***. Nessa variável, o somatório de segundos (*float*) é convertido para inteiros, a fim de se ter uma informação mais limpa e de fácil entendimento.

Para acumular os valores de tempo nas variáveis específicas, o seguinte código deve ser adicionado na função Update:

```
void Update()
{
    segundos += Time.deltaTime;
    if (segundos >= 60)
    {
        segundos = 0;
        minutos++;
    }
    segundosInt = (int)segundos;
    Debug.Log(minutos + ":" + segundosInt);
}
```

Observe que, nesse fragmento de código, é utilizado o comando *Debug* para validar a informação produzida. Em breve, iremos abordar como mostrar essa informação na tela do jogo. Por ora, perceba que os segundos menores do que 10 são apresentados como 1, 2, 3 e assim por diante, e não como 01, 02 ou 03, que é o padrão do relógio. Pois bem, para resolver esse problema, basta um ajuste na formatação da mensagem de texto que é enviada ao *Debug*:

```
if(segundosInt < 10)
{
Debug.Log(minutos + ":0" + segundosInt);
}
else
{
```

```
Debug.Log(minutos + ":" + segundosInt);
}
```

5.4.2 Contando as moedas coletadas

O *script* de controle das moedas é responsável por verificar se o *player* colide com a moeda e, nesse caso, removê-la da cena. Entretanto, o *Level Manager* precisa ser informado cada vez que o personagem coletar uma moeda. Para isso, é preciso criar uma função no *Level Manager* que será invocada pela moeda sempre que for coletada.

No *script Level Manager*, deve-se criar uma variável que será responsável por contar as moedas coletadas (***int totMoedas***) e, logo após, implementar a seguinte função:

```
public void ContaMoeda()
{
totMoedas++;
}
```

Criada no *Level Manager*, essa função deve ser chamada no *script* da moeda, logo após a moeda coletada ser inativada. A chamada se dá da seguinte maneira:

```
LevelManager.levelManager.ContaMoeda();
```

Porém, para permitir que o *script* da moeda invoque funções do *Level Manager*, é preciso incluir o seguinte código no *script* gerenciador de *levels*:

```
public static LevelManager levelManager;
private void Awake()
{
    levelManager = this;
}
```

5.4.3 Finalizando o *level*

Um *level* pode ter diferentes critérios para ser considerado concluído. Tais condições levam em conta o *game design* do jogo e podem exigir a programação de diferentes funções. Como exemplo, vamos considerar que o jogador precisa coletar todas as moedas para vencer o nível. A ideia é que, ao coletar todas as moedas disponíveis, o personagem seja desativado para sinalizar que a fase está concluída. Em breve você poderá também exibir uma mensagem ou animação de vitória, por exemplo.

Para verificar a conclusão da fase, é preciso criar uma função que será chamada assim que o jogador coletar todas as moedas. Essa função deve ser criada no *script Level Manager* e ter o seguinte código:

```
void FinishLevel( )
{
    personagem.gameObject.SetActive(false);
}
```

Porém, para que a função seja executada, é necessário incluir uma chamada no método `Update( )`:

```
if(totMoedas == 4)
```

```
{
FinishLevel();
}
```

Nesse exemplo, são consideradas apenas quatro moedas em tela. Porém, pode-se atualizar a condição de acordo com o *level* que estiver sendo desenvolvido. Essa validação pode, inclusive, ser criada utilizando-se variáveis específicas.

5.4.4 Controle de cenas

O controle de cenas é um elemento essencial do *Level Manager* e, entre suas principais funcionalidades, deve permitir que o jogador seja direcionado para o próximo *level* quando "passar de fase", ou seja, para a tela de *game over* ou do menu principal quando as vidas acabarem.

O Unity oferece um sistema próprio para gerenciamento de cenas, o Scene Manager (Unity Technologies, 2022e). Para utilizar esse sistema, é preciso de um pacote específico: `using UnityEngine.SceneManagement;`. Com o pacote incluído, basta utilizar o comando *LoadScene* informando a cena desejada. Considerando-se que há uma cena chamada *GameOver*, pode-se incluir no *Level Manager* a seguinte função, responsável pela transição de cena:

```
using UnityEngine.SceneManagement;
```

Com a função de troca de cena implementada, basta chamá-la assim que o personagem perder todas as vidas. Esse controle é realizado no *script* do personagem e pode-se invocar a função de troca de cena com o seguinte comando:

```
public void GameOver()
{
SceneManager.LoadScene("GameOver");
}
```

Entretanto, para que a cena seja carregada, ela deve estar definida nas configurações do projeto. O Unity permite que sejam criadas várias cenas com diferentes propósitos no mesmo jogo, mas, na versão final, é preciso definir quais devem ou não ser usadas e entregues ao cliente como parte do jogo. A fim de determinar as cenas que constarão no produto final, deve-se acessar o menu *File*, na opção *Building Settings*, arrastar a cena criada para *game over* para a área *Scenes in Build* e armazená-la na pasta de *Assets* do projeto.

Figura 5.3 – **Inclusão da cena de *game over* nas configurações do projeto**

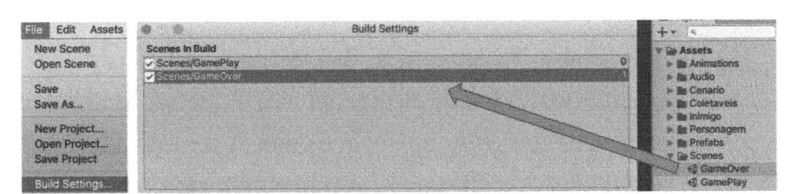

Fonte: Unity Technologies, 2022g.

5.5 Exibindo informação na tela

Para exibir na tela a informação do tempo de jogo transcorrido, é preciso inserir um elemento do tipo *text*. Para isso, na aba *Hierarchy*, seleciona-se o botão de mais (+) e, em seguida, os menus: *User Interface (UI)* e *Text*.

MÃOS À OBRA

Como exemplo, crie um elemento *text* chamado *Timer*. Observe que, automaticamente, será criado um *game object* chamado *Canvas* e que o objeto de texto foi criado dentro dele.

Figura 5.4 – **Estrutura Canvas**

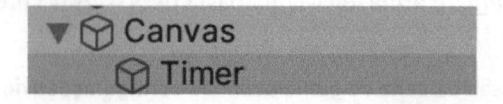

▼ 🗁 Canvas
   🗁 Timer

Fonte: Unity Technologies, 2022g.

O Canvas (Unity Technologies, 2021a) pode ser considerado uma área que agrupa todos os elementos de UI que são utilizados na cena. Trata-se de um *game object* que contém como filhos todos os elementos de UI. Ao ajustar o componente *texto* conforme as definições da imagem a seguir, deve-se atentar aos parâmetros *Text* e *Horizontal Overflow*.

Figura 5.5 – **Configuração do componente de texto**

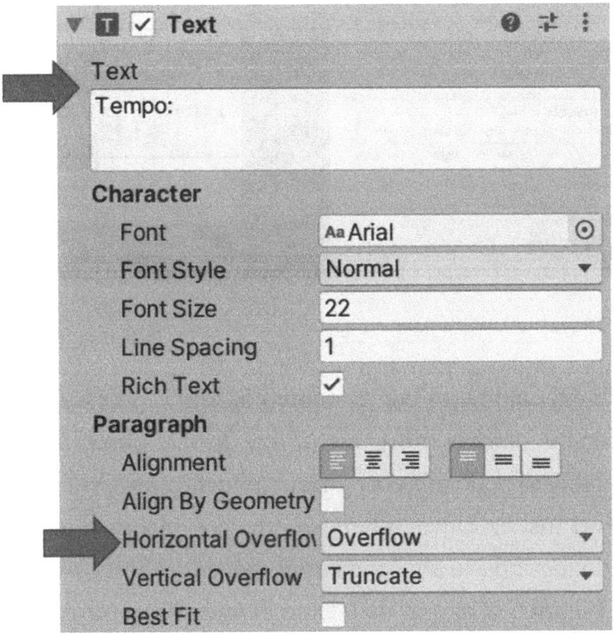

Fonte: Unity Technologies, 2022g.

O Canvas pode ser imaginado como uma película fixa na lente da câmera e, dessa forma, o posicionamento dos elementos nessa película independe dos objetos que estão compondo a cena. A informação de tempo é fixada no canto superior esquerdo. Para isso, basta acessar o botão *Anchor Presets*, pressionar *Alt* e selecionar a opção que combina *top* e *left*, conforme mostra a Figura 5.6.

Figura 5.6 – **Posicionando o elemento de texto**

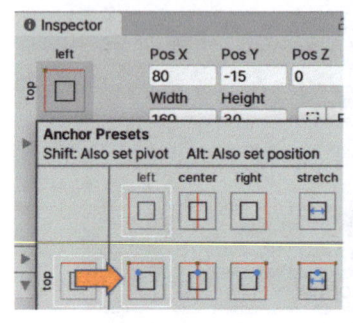

Fonte: Unity Technologies, 2022g.

Pode-se escolher a cor da fonte conforme o desejo e, testar o componente *shadow*, no *game object Text*, e observar como um sombreamento pode oferecer uma aparência agradável. Além disso, é possível inserir fontes diferentes que combinem com o estilo artístico do jogo; basta abusar da criatividade.

Na Figura 5.6, apesar de o texto *Tempo*: aparecer na tela, ainda não há a informação mais importante, que é o valor de tempo transcorrido. Para isso, é preciso criar um elemento *text* e adicioná-lo como filho do componente de mensagem *Tempo:* previamente adicionado. Esse valor deve ser atualizado automaticamente na tela, via *script*.

Para atualizar um elemento de UI em tempo de execução, via *script*, é necessário adicionar o seguinte comando, no bloco inicial do *script*, antes da declaração da classe:

```
using UnityEngine.UI;
```

Feito isso, é possível declarar uma variável de UI no *script* que será utilizada para atualizar o texto da tela:

```
public Text tempo;
O seguinte fragmento de código, na função Update, atualiza
a mensagem que será exibida na tela:

if (segundosInt < 10)
{
    textoTempo = minutos.ToString()+":0"+segundosInt.ToString();
}
else
{
    textoTempo = minutos.ToString()+":"+segundosInt.ToString();
}
tempo.text = textoTempo;
```

Para atualizar o valor em tela, deve-se, via *Inspector*, associar o *game object* que exibe na tela a informação de tempo com a nova variável criada como parâmetro no *script*. Após isso, é só clicar em *play* no jogo e ver a mágica acontecer, com a informação de tempo transcorrido sendo atualizada automaticamente.

Figura 5.7 – **Associação do componente de UI, com a variável do *script***

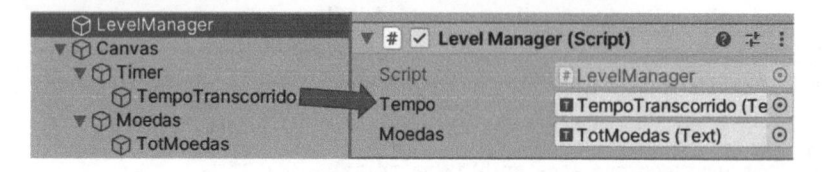

Fonte: Unity Technologies, 2022g.

O mesmo processo deve ser executado para exibir em tela o número de moedas já coletadas pelo jogador.

Diferentes situações podem necessitar da exibição de mensagens em tela, inclusive em momentos específicos. Por exemplo, ao terminar uma fase, é pertinente que seja exibida no centro da tela uma mensagem de vitória. Para isso, pode-se criar um elemento de texto, inicialmente desabilitado, com a mensagem desejada e, no momento em que for realizada a validação de vitória, ativar sua exibição. Desabilitando o *game object*, na aba *Hierarchy*, o texto aparecerá na cor cinza.

Figura 5.8 – **Criação do elemento de texto para mensagem de vitória**

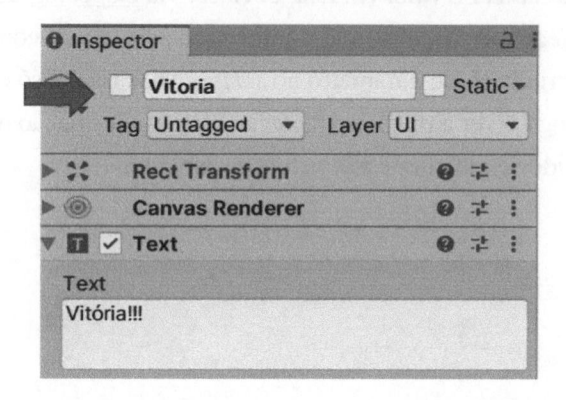

Fonte: Unity Technologies, 2022g.

Após criar o elemento texto na cena, é preciso executar as seguintes ações no *script Level Manager:*

- Criar uma variável de texto, na qual, via *Inspector*, possa-se relacionar o *game object* de texto recém-criado:

```
public Text vitoria;
```

- Na função que finaliza o *level*, ativar a exibição desse elemento:

```
vitoria.gameObject.SetActive(true);
```

5.6 Criação da tela de *game over*

Para criar a tela de *game over*, é necessária a criação de uma nova cena. O objetivo é que, ao acabarem as vidas do jogador, a cena do *game play* seja finalizada e a nova cena seja exibida com a mensagem de derrota.

Para criar essa cena, basta utilizar a opção *Create New Scene*, no menu *File*. Essa cena pode ser chamada de *game over*. Vale ressaltar que é uma boa prática salvar todas as cenas numa pasta, mantendo a organização dos *assets* do projeto. Pode-se criar a tela utilizando diferentes elementos, por exemplo, uma imagem ou uma mensagem.

Figura 5.9 – **Tela *game over***

stockgiu/Freepik.com. CraftPix

Apesar de ser uma tela apenas de exibição, o jogador deve conseguir tomar ações a partir dela, por exemplo: retornar ao menu principal, reiniciar a partida ou até mesmo encerrar a execução do jogo. Para implementar essa funcionalidade, pode-se evoluir o *script* de *Level Manager* e utilizar o sistema de *SceneManager* visto anteriormente.

5.7 Estrutura do projeto de *scripts*

Ao longo deste capítulo, trabalhamos com elementos fundamentais de arquitetura e de mecânica de *games*. Desde o começo do livro, propusemos a criação de um jogo que, a esta altura, está quase completo. A seguir, apresentamos o código completo de todos os *scripts* que criamos para que você possa validar e ajustar o comportamento do jogo que está desenvolvendo.

Figura 5.10 – *Script* **Personagem**

```csharp
using System.Collections;
using System.Collections.Generic;
using UnityEngine;

public class Personagem : MonoBehaviour
{
    public float velocidade;
    public string nome;
    public Transform verificaChao;
    public LayerMask chao;

    private bool noChao = true;
    private float raioChao = 0.2f;
    private bool puloDuplo = false;
    private int qtdVida;
    private int ptsSaude;
    private bool vivo;

    enum Estado {Parado, Andando, Correndo };

    Estado estadoPersonagem;
    Animator animator;

    void Start()
    {
        estadoPersonagem = Estado.Parado;
```

```csharp
        animator = GetComponent<Animator>();
        qtdVida = 3;
        ptsSaude = 3;
        vivo = true;
    }

    private void Update()
    {
        if (vivo)
            Mover();
        else
            LevelManager.levelManager.GameOver();
    }

    private void FixedUpdate()
    {
        noChao = Physics2D.OverlapCircle(verificaChao.position, raioChao, chao);
        animator.SetBool("noChao", noChao);
    }

    void Mover()
    {
        float moveX = Input.GetAxis("Horizontal");
        Vector2 position = transform.position;
        float vel = velocidade;

        if (estadoPersonagem == Estado.Correndo)
```

```
        {
            vel *= 3;
        }

        position.x = position.x + vel * moveX * Time.deltaTime;
        transform.position = position;

        if (Mathf.Abs(moveX) == 0)
        {
            estadoPersonagem = Estado.Parado;
        }
        else
        {
            estadoPersonagem = Estado.Andando;
            if (Input.GetKey(KeyCode.LeftShift))
                estadoPersonagem = Estado.Correndo;
        }
        animator.SetFloat("Estado", (float)estadoPersonagem);



        if (Input.GetKeyDown("space") && (noChao || puloDuplo))
        {
            GetComponent<Rigidbody2D>().AddForce(transform.up * 300);
            puloDuplo = !puloDuplo;
            animator.SetBool("noChao", false);
```

```csharp
        }
        if (Input.GetAxisRaw("Horizontal") > 0)
        {
            transform.eulerAngles = new Vector2(0, 0);
        }
        if (Input.GetAxisRaw("Horizontal") < 0)
        {
            transform.eulerAngles = new Vector2(0, 180);
        }
    }

    public void SofreDano()
    {
        ptsSaude--;
        if (ptsSaude == 0)
        {
            qtdVida--;
            if (qtdVida == 0)
            {
                animator.SetBool("morreu", true);
                vivo = false;
            }
            else
                ptsSaude = 3;
        }
    }
}
```

Figura 5.11 - **Script Moeda**

```csharp
using System.Collections;
using System.Collections.Generic;
using UnityEngine;
using UnityEngine.UI;
using UnityEngine.SceneManagement;

public class LevelManager : MonoBehaviour
{
    public Text tempo;
    public Text moedas;
    public Text vitoria;
    private int minutos;
    private float segundos;
    private int segundosInt;
    private int totMoedas;
    public Personagem personagem;
    public static LevelManager levelManager;

    private void Awake()
    {
        levelManager = this;
    }
    void Start()
    {
        minutos = 0;
        segundos = 0;
```

```
        totMoedas = 0;
    }
    void Update()
    {
        segundos += Time.deltaTime;
        if (segundos >= 60)
        {
            segundos = 0;
            minutos++;
        }

        segundosInt = (int)segundos;
        string textoTempo;

        if (segundosInt < 10)
        {
            textoTempo = minutos.ToString() + ":0" +
segundosInt.ToString();
        }
        else
        {
            textoTempo = minutos.ToString() + ":" +
segundosInt.ToString();
        }

        tempo.text = textoTempo;
        if(totMoedas == 4)
        {
```

```
            FinishLevel();
        }
    }

    public void ContaMoeda()
    {
        totMoedas++;
        moedas.text = totMoedas.ToString();
    }

    void FinishLevel()
    {
        personagem.gameObject.SetActive(false);
        vitoria.gameObject.SetActive(true);
    }
    public void GameOver()
    {
        SceneManager.LoadScene("GameOver");
    }
}
```

Figura 5.12 – *Script* Inimigo

```
public class Enemy : MonoBehaviour
{
    public float velocidade;
    public GameObject novoInimigo;
```

```csharp
    private float tempoDano;

    void Update()
    {
        transform.Translate(Vector2.left * velocidade * Time.deltaTime);

        if (transform.position.x < -10)
        {
            Instantiate(novoInimigo, new Vector3 (8,-2,0), Quaternion.identity);
            gameObject.SetActive(false);
        }
        if (tempoDano > 2)
        {
            tempoDano = 0;
        }
    }
    private void OnTriggerEnter2D(Collider2D other)
    {
        if(other.CompareTag("Player"))
        {
            if(tempoDano==0)
            {
                //Acessa o gameObject Personagem e gera o dano
                other.GetComponent<Personagem>(). SofreDano();
```

```
            }
            tempoDano += Time.deltaTime;
        }
    }
}
```

Figura 5.13 - **Script Level Manager**

```
using System.Collections;
using System.Collections.Generic;
using UnityEngine;
using UnityEngine.UI;
using UnityEngine.SceneManagement;

public class LevelManager : MonoBehaviour
{
    public Text tempo;
    public Text moedas;
    public Text vitoria;

    private int minutos;
    private float segundos;
    private int segundosInt;
    private int totMoedas;

    public Personagem personagem;
    public static LevelManager levelManager;
```

```csharp
    private void Awake()
    {
        levelManager = this;
    }
    void Start()
    {
        minutos = 0;
        segundos = 0;
        totMoedas = 0;
    }
    void Update()
    {
        segundos += Time.deltaTime;
        if (segundos >= 60)
        {
            segundos = 0;
            minutos++;
        }
        segundosInt = (int)segundos;
        string textoTempo;

        if (segundosInt < 10)
        {
            textoTempo = minutos.ToString() + ":0" + segundosInt.ToString();
        }
        else
```

```csharp
        {
            textoTempo = minutos.ToString() + ":" + segundosInt.ToString();
        }
        tempo.text = textoTempo;

        if(totMoedas == 4)
        {
            FinishLevel();
        }
    }
    public void ContaMoeda()
    {
        totMoedas++;
        moedas.text = totMoedas.ToString();
    }
    void FinishLevel()
    {
        personagem.gameObject.SetActive(false);
        vitoria.gameObject.SetActive(true);
    }
    public void GameOver()
    {
        SceneManager.LoadScene("GameOver");
    }
}
```

Chaosamran_Studio/Shutterstock

CAPÍTULO 6

FECHAMENTO DO PROJETO

Conteúdos do capítulo
- Elementos de interface de usuário.
- Canvas.
- Publicação de um *game*.
- Repositores de áudios.
- Boas práticas no desenvolvimento de *games*.

Após o estudo deste capítulo, você será capaz de:
1. relacionar os principais elementos de interface de usuário do Unity;
2. compreender a importância do Canvas;
3. usar repositores e plataformas gratuitos para seus *games*;
4. saber como publicar um *game*;
5. identificar práticas essenciais para o desenvolvimento de *games*.

Neste último capítulo, veremos como realizar o fechamento do projeto de um *game*, trabalhando com elementos importantíssimos no desenvolvimento de jogos, principalmente considerando um jogo como produto digital.

Ao longo do capítulo, apresentaremos elementos de interface que podem ser implementados para deixar o jogo com uma aparência profissional e outros detalhes que contribuem para a imersão do jogador – por exemplo, o movimento de câmera característico em jogos de plataforma e a utilização de efeitos sonoros.

Vamos explorar, ainda, como utilizar *assets* externos para complementar a experiência do jogador. Por fim, veremos uma série de plataformas nas quais você pode, de maneira independente, publicar o jogo que desenvolveu aplicando os conhecimentos adquiridos ao longo de todo o percurso de nosso estudo.

6.1 Elementos de interface gráfica

A interface gráfica ou interface de usuário – do inglês *user interface* (UI) – é um elemento importantíssimo no desenvolvimento de qualquer jogo. Por meio da UI, a experiência do jogador é facilitada quando ele navega entre telas e menus e, inclusive, no próprio *game play*.

Utilizando o Unity, dispõe-se de diversos elementos que a *engine* oferece para a criação da UI (Unity Technologies, 2021b). Por meio do botão de *mais* (+) na aba *Hierarchy*, é possível acessar e incluir na cena diferentes elementos de UI. A seguir, abordaremos os principais elementos que estão disponíveis para utilização.

6.1.1 **Canvas**

Trata-se da área na qual todos os elementos de UI são acomodados. Caso um outro elemento seja o primeiro de UI inserido na cena, um Canvas é automaticamente criado. A ordem de desenho ou de exibição na tela é a mesma em que os *game objects* estão organizados na aba <u>Hierarchy</u>.

6.1.2 **Text ou text mesh pro**

O elemento de texto está disponível em duas opções: *text* e *text mesh pro* (TMP). O elemento *text* possibilita escrever um texto na tela, entretanto, não apresenta muitas possibilidades de formatação. Ele permite apenas modificar a cor-base, as fontes básicas, o tamanho e as formatações mais simples (itálico, negrito ou ambos).

Já o *text mesh pro* possibilita trabalhar com um elemento de texto de forma mais elegante. Em um TMP, pode-se selecionar o material, utilizar uma fonte própria e definir outras propriedades que não estão disponíveis no elemento de texto tradicional – por exemplo, estilos, gradiente de cores, opções diferenciadas de espaçamento, contorno e outras funcionalidades.

6.1.3 **Image**

Esse elemento tem o intuito de projetar na tela uma imagem por meio de um objeto gráfico, por exemplo, uma *sprite*, uma cor ou um material específico. Tais configurações são selecionadas no <u>Inspector</u> do componente.

Além disso, ele está disponível também por meio do elemento *Raw Image,* indicado para quando é necessário atualizar a imagem muitas vezes sem a necessidade de se trabalhar com *sprites.* Uma *Raw Image* utiliza texturas planas para mostrar a figura e tende a ser mais leve do que o componente *Image.*

6.1.4 Button

De acordo com o manual do Unity (Unity Technologies, 2020a), um *button* é um elemento que, ao ser clicado, executa uma ação que pode ser especificada via *script* na função `OnClick( )`. Sua aparência pode ser customizada para utilizar imagens próprias. Porém, para maior apelo visual, é indicado utilizar o *Button TMP* (elemento com *text mesh pro).*

Figura 6.1 - **Exemplo simples do componente *button***

Button

Fonte: Unity Technologies, 2020a.

As principais utilizações desse componente incluem:

- Confirmar uma decisão, por exemplo, sair da fase.
- Navegar entre menus e submenus.
- Cancelar uma ação que está sendo realizada, por exemplo, o *download* de uma expansão.

6.1.5 Toggle

O elemento *toggle* representa a famosa *checkbox* (Unity Technologies, 2020h). Ao acessar esse elemento via *script*, passa-se a trabalhar com valores ***bool*** para identificar se o elemento está selecionado ou não.

Figura 6.2 – **Componente *toggle***

✓ Toggle

Fonte: Unity Technologies, 2020h.

6.1.6 Slider

O componente *slider* compreende uma barra deslizável utilizada para definir variáveis entre um *range* de valores (Unity Technologies, 2020g). Geralmente, esse componente é aplicado em configurações e em controle de volume, por exemplo. Entre diversos parâmetros, é possível definir o valor mínimo e máximo e a direção de deslocamento do marcador.

Figura 6.3 – **Exemplo visual de um *slider* (esquerda) e alguns dos parâmetros disponíveis via *Inspector* (direita)**

Direction	LeftToRight
Min Value	0
Max Value	1

Fonte: Unity Technologies, 2020g.

6.1.7 Scrollbar

O componente *scrollbar* representa uma barra deslizante utilizada principalmente em menus e em inventários para visualização de elementos (Unity Technologies, 2020e). Tem comportamento similar ao do *slider*, porém não altera nenhum valor, apenas o ponto de visualização.

Figura 6.4 – **Representação do elemento *scrollbar***

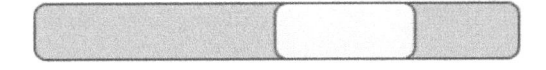

Fonte: Unity Technologies, 2020e.

6.1.8 Dropdown

O *dropdown* é um componente que mostra um menu com opções preestabelecidas (Unity Technologies, 2020b). Permite opções no estilo de texto simples ou, então, através da funcionalidade de *text mesh pro*.

Figura 6.5 – **Exemplo do componente *dropdown* (esquerda) e área de configuração no *Inspector* (direita)**

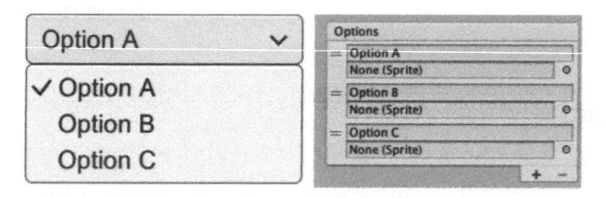

Fonte: Unity Technologies, 2020b.

6.1.9 *Input field*

Campo de entrada utilizado para receber informações textuais. Esse componente também tem a opção *text mesh pro* (Unity Technologies, 2020d). Pode ser utilizado em situações como definição de *nickname*, senhas etc.

Figura 6.6 – **Representação visual do componente *input field***

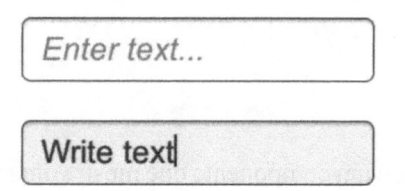

Fonte: Unity Technologies, 2020d.

6.1.10 *Scroll rect*

O *scroll rect* delimita a área em que o *scrollbar* atua. Entretanto, ele é utilizado quando há uma longa informação que deve ser exibida em uma área predefinida e de tamanho menor (Unity Technologies, 2020f).

Figura 6.7 - **Exemplo de *scroll rect* e *scrollbar***

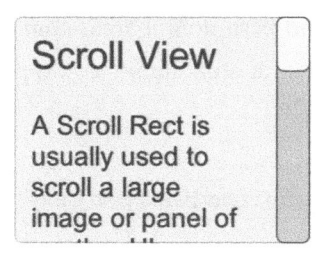

Fonte: Unity Technologies, 2020f.

6.1.11 *Event system*

O *event system* é responsável por processar e tratar eventos envolvendo *game objects* (Unity Technologies, 2020c). A cena deve ter apenas um *event system*. Caso ele não exista, um exemplar será criado automaticamente quando o primeiro elemento de UI for inserido na cena. Eventos são disparados pelo *input* do usuário, por meio de teclado, *mouse* ou *touch screen*, entre outros.

6.2 Elementos de áudio

Elementos de áudio, como música de fundo e efeitos sonoros, são importantíssimos para que o jogo proporcione uma imersão satisfatória. O Unity oferece diversas ferramentas para trabalhar com *assets* sonoros. Quando se importam esses elementos para o projeto, eles passam a ser considerados como *audio clips*. Por sua vez, *audio clips* são referenciados e acessíveis por meio de *scripts* via um *game object* do tipo **audio source**.

O sistema de áudio permite trabalhar com a maioria dos formatos utilizados na indústria atualmente, como podemos observar no quadro a seguir.

Quadro 6.1 – **Formatos de áudio suportados pelo Unity**

Formato	Extensões
MPEG layer 3	.mp3
Ogg Vorbis	.ogg
Microsoft Wave	.wav
Audio Interchange File Format	.aiff / .aif
Ultimate Soundtracker module	.mod
Impulse Tracker module	.it
Scream Tracker module	.s3m
FastTracker 2 module	.xm

Fonte: Unity Technologies, 2022a, tradução nossa.

6.2.1 Inserção de áudio: música de fundo

Para inserir um áudio ao jogo – uma música de fundo, por exemplo –, o primeiro passo é incluir um *game object* do tipo *audio source*. Essa inserção é feita por meio do botão de *mais* (+) na aba *Hierarchy*.

Figura 6.8 – **Propriedades do *audio source***

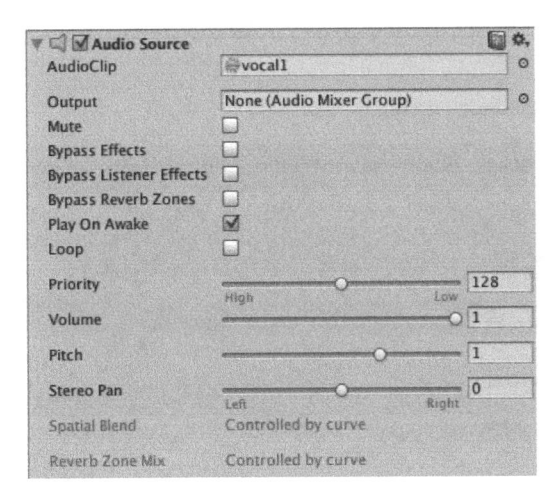

Fonte: Unity Technologies, 2022b.

Ao inserir um *audio source*, os seguintes parâmetros podem ser definidos via *Inspector*:

- ***AudioClip*** – Para informar o arquivo de mídia sonora (armazenado nos *assets* do projeto).
- ***Output*** – Para especificar se o som sairá uniformemente ou relacionado a algum elemento da cena.

- *Mute* – Para anular o volume do som.
- *By-pass* – Para incluir efeitos, percepções do ouvinte e reverberações (por meio de diversas configurações).
- *Play on Awake* – Para definir se o som começará a partir do início da cena.
- *Loop* – Para determinar que o som deve tocar em ciclo.

Além dessas propriedades, outras podem ser balanceadas, conforme ilustrado na figura a seguir.

Figura 6.9 – **Propriedades de balanceamento**

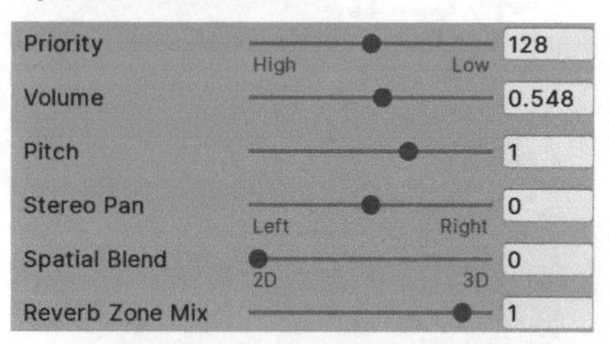

Priority		128
	High Low	
Volume		0.548
Pitch		1
Stereo Pan		0
	Left Right	
Spatial Blend		0
	2D 3D	
Reverb Zone Mix		1

Fonte: Unity Technologies, 2022b.

As propriedades de balanceamento incluem:

- *Priority* – Para a prioridade entre áudios. O valor do *slider* varia a partir de zero (menos importante) até 256 (maior prioridade).
- *Volume* – Para controlar a intensidade do som emitido.
- *Pitch* – Para a velocidade da música.
- *Stereo Pan* – Para o controle do nível de estéreo.

- **Spatial Blend** – Para equilibrar entre som em duas dimensões (2D) e em três dimensões (3D).
- **Reverb Zone** – Para definir a capacidade de o som reverberar.

6.2.2 Inserção de efeito sonoro

Diferentemente da música de fundo, que pode se iniciar junto com a cena de *game play*, efeitos sonoros geralmente são específicos e precisam ser executados apenas quando determinada condição acontecer. Por exemplo, o efeito sonoro de uma moeda deve ser executado apenas quando o jogador a coletar. Para isso, outro *audio source* deve ser inserido para carregar o som de moeda.

Figura 6.10 - **Inserção de *audio source* na cena utilizando a aba *Hierarchy* (esquerda) e configuração de parâmetros via *Inspector* (direita)**

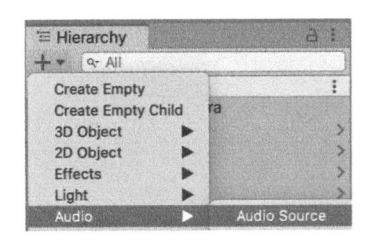

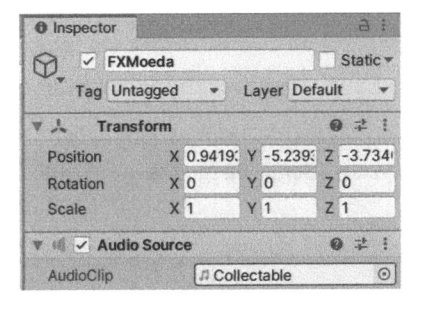

Fonte: Unity Technologies, 2022b.

Para os efeitos sonoros, mais especificamente o caso da moeda, o processo acontece no mesmo momento em que o *game object* em questão é desabilitado. Isso acontece na função `OnTriggerEnter2D` no *script* que gerencia a moeda. Na verdade, deixa-se de desabilitar o *game object* da moeda e segue-se uma linha de raciocínio um pouco diferente, observando-se os seguintes pontos, para que o efeito sonoro funcione corretamente:

- Quando o jogador colidir com a moeda, o *Level Manager* deve ser avisado para computar a moeda selecionada.
- Poder dar *play* no efeito sonoro por meio do *audio source*.
- Desligar a visualização da moeda, mas manter o respectivo *game object* ainda ativo, pois, caso contrário, se ele for desativado, o *audio source* também será desativado e o efeito sonoro não será executado.
- Desativar o *collider* da moeda, pois ela já é considerada coletada, e não é desejável contar a mesma moeda mais de uma vez.
- Após alguns segundos, tempo suficiente para o efeito sonoro terminar, poder destruir o *game object* da moeda.

Na figura a seguir, apresentamos o *script* da moeda atualizado para, além de controlar a visualização e o processo de interação com o *Level Manager*, trabalhar com o efeito sonoro.

Figura 6.11 – **Script da moeda atualizado**

```
public class Moeda : MonoBehaviour
{
    private void OnTriggerEnter2D(Collider2D other)
    {
        if(other.CompareTag("Player"))
        {
```

```
                LevelManager.levelManager.ContaMoeda();

                GetComponent<AudioSource>().Play();
                GetComponent<SpriteRenderer>().enabled = false;
                GetComponent<CircleCollider2D>().enabled =
    false;

                //Destruir o game object após 3 segundos
                Destroy(gameObject, 3);
            }
        }
}
```

6.2.3 Repositórios de áudio

O desenvolvimento de *assets* de áudio nem sempre é uma tarefa simples. Todavia, esse recurso é importantíssimo no desenvolvimento de qualquer *game*. A fim de possibilitar o ciclo completo da criação de um jogo, apresentamos, a seguir, alguns repositórios de áudio que disponibilizam *assets* gratuitos que podem ser livremente utilizados.

Quadro 6.2 – **Repositórios de áudio gratuitos**

Repositório	Descrição	Site
Envato Elements	Disponibiliza diferentes tipos de elementos, incluindo fontes, gráficos e sons. A conta gratuita permite até 12 *downloads* por mês e pode ser criada diretamente no *site*.	<https://elements.envato.com>

(continua)

(Quadro 6.2 - conclusão)

Repositório	Descrição	Site
m-Operator	Disponibiliza, gratuitamente, diversos fragmentos sonoros que podem ser utilizados como efeitos.	<https://www.m-operator.com/>
NCS	Apresenta *assets* sonoros disponíveis para a utilização gratuita, inclusive em produtos monetizáveis. Porém, é necessário incluir os créditos do artista e da música ou do som utilizado.	<www.ncs.io>
FMA	Pode ser considerado um dos principais repositórios de música gratuita na internet. É possível acessar e baixar as músicas diretamente no portal.	<https://www.freemusicarchive.org/>
FreeSFX	Repositório gratuito de milhares de efeitos sonoros organizados em dezenas de categoria que facilitam a busca, bem como a escolha entre *assets* similares.	<https://www.freesfx.co.uk/>
SampleSwap	Repositório independente que, desde 2001, disponibiliza músicas e efeitos sonoros que podem ser utilizados sem pagamento de *royalties*. Atualmente, aproximadamente 9 GB de *assets* sonoros estão disponíveis para pesquisa e *download* de forma gratuita. Porém, pagando uma taxa, é possível fazer o *download* de todo o repositório de uma única vez.	<https://sampleswap.org/>

6.3 Movimento de câmera

Uma característica peculiar não só dos jogos de plataforma, mas também aos de vários outros gêneros, é o comportamento da câmera seguindo o personagem. Além de deixar, o jogo mais divertido, essa característica permite que *levels* mais longos e complexos sejam desenvolvidos, contribuindo para a imersão do jogador.

Ao criar uma cena, com ela já é formada a câmera. Dessa forma, deve-se inserir um componente de *script* na câmera e fazer com que as coordenadas da câmera sigam o jogador.

Para que isso seja possível, o *script* deve receber por parâmetro a posição do personagem. É preciso, para tal uma variável pública do tipo **transform** e, por via do <u>Inspector</u>, conectar o *game object* do personagem. Em seguida, basta atualizar a posição da câmera no eixo *x* para o valor em que o personagem está localizado. Dessa forma, o personagem estará sempre no centro da tela. Veja, a seguir, o *script* responsável por gerenciar a câmera e implementar esse comportamento.

```
public class CameraManager : MonoBehaviour
{
public Transform jogador;
    void Update()
    {
        /*
        * atualizamos o X cfme a o personagem
e
        * mantemos o Y e Z da camera
```

```
                    */
                    float posX = jogador.position.x;
                    float posY = transform.position.y;
                    float posZ = transform.position.z;

    transform.position = new Vector3(posX, posY, posZ);
    }
}
```

6.4 Asset Store do Unity

Algumas vezes, o desenvolvedor tem uma ideia de um novo jogo, porém não consegue produzir todos os *assets* necessários, por exemplo, os modelos de artes e de arquivos sonoros. Para auxiliar na condução desse tipo de situação, é possível considerar a Unity *Asset Store*.

A *Asset Store* do Unity é um importante suporte ao desenvolvedor de jogos. Nela, é possível diferentes *assets* que serão incluídos no projeto, de forma paga ou gratuita. O acesso à loja pode ser feito utilizando-se o menu *Window* e a opção *Asset Store*[1].

Quando um *asset* aplicável ao jogo for escolhido, o processo de inclusão é simples: basta fazer seu *download* e seguir a opção de importá-lo para o projeto. Os itens importados estarão salvos em uma pasta com o nome do *asset* na pasta *Assets* da guia *Project*.

---

1   Essa caminho leva ao *site* da Asset Store. Disponível em: <https://assetstore.unity.com/>. Acesso em: 5 jul. 2022.

6.5 Exportando o jogo

O processo para exportar o jogo desenvolvido – ou, em outras palavras, produzir o arquivo executável, comumente chamado *build* – é simples e fácil. Quando o desenvolvimento estiver concluído, ou seja, o jogo estiver pronto, basta acessar o menu *File* e a opção *Build Settings* para configurar e gerar a *build*.

O painel *Build Settings* apresentará a lista de cenas que estão sendo utilizadas no projeto do jogo. Deve-se manter todas selecionadas (exceto alguma que o desenvolvedor possa não querer incluir na *build* final) e, em seguida, escolher a plataforma desejada. Feito isso, é só clicar no botão *Build* e escolher o local em que o arquivo será salvo.

Figura 6.12 - **Configurações do projeto**

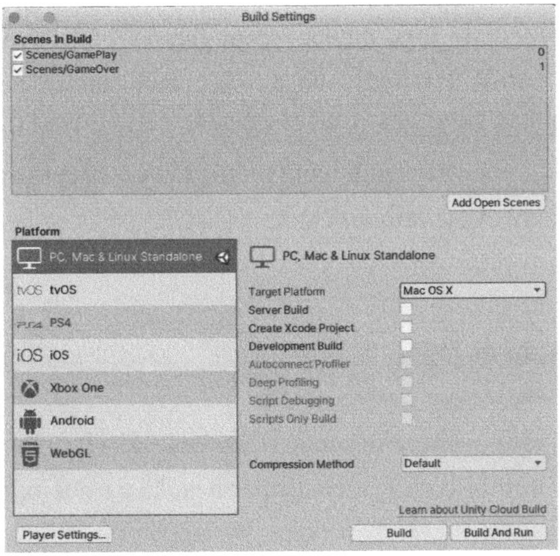

Fonte: Unity Technologies, 2022g.

Por padrão, o Unity instala o módulo de *building* compatível com o sistema operacional do computador que está sendo utilizado. Porém, podem-se adicionar outros módulos. Essa opção é encontrada no *Unity Hub*, na área de *Installs*, conforme a figura a seguir.

Figura 6.13 – **Instalação de novos módulos de *build***

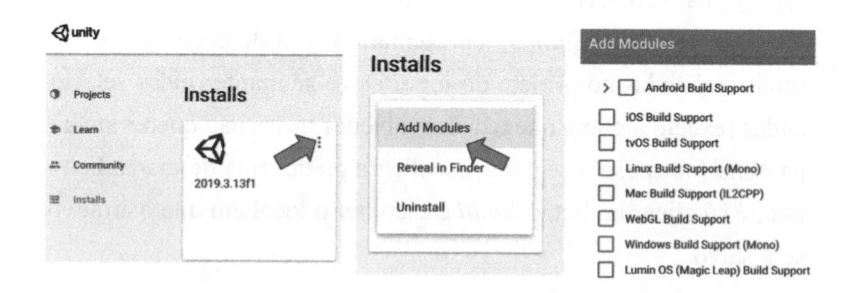

Fonte: Unity Technologies, 2022a.

Com a *build* do jogo devidamente gerada, é possível compartilhá-la com outros desenvolvedores e usuários para que ela seja testada e o criador do jogo receba *feedbacks* sobre seu trabalho. Além disso, a *build* pode ser facilmente publicada em alguma plataforma de jogos, inclusive gratuitamente.

6.6 Publicação do jogo

Agora que já conhecemos todo o processo de desenvolvimento de um jogo, veremos como fazer sua publicação e o acompanhamento dos jogadores. A seguir, apresentamos alguns *sites* e plataformas em que qualquer desenvolvedor, independentemente de seu nível de conhecimento, pode publicar seus jogos e compartilhá-los com seus amigos, além de ser possível efetuar vendas de seus produtos.

Enfim, publicar um jogo pode ser uma grande oportunidade de ser reconhecido na comunidade de desenvolvedores *indies* e de coletar *feedbacks*.

Quadro 6.13 – **Principais plataformas que permitem publicação de jogos desenvolvidos utilizando Unity**

Plataforma	Definição	Site
Amazon Appstore	Pouco conhecida nessa área, a Amazon possibilita publicação de aplicativos para Android, inclusive games para serem executados nos dispositivos Amazon, por exemplo, o Fire Stick. Além da publicação, a plataforma oferece um sistema de monetização que permite ao desenvolvedor aplicar estratégias monetárias que podem se mostrar lucrativas. A criação da conta de desenvolvedor é gratuita e pode ser feita na página do serviço.	<https://developer.amazon.com/apps-and-games>
App Store	Loja da Apple para disponibilização de jogos e aplicativos que podem ser executados no sistema iOS. O Unity possibilita gerar uma *build* para dispositivos da marca, porém esse processo deve ser executado em um computador da própria Apple. Além disso, é necessário pagar uma taxa anual para cadastro como desenvolvedor, no valor atual de US$ 99,00.	<https://developer.apple.com/programs/>
GameJolt	Plataforma que reúne apreciadores dos mais diversos tipos de jogo. De maneira gratuita, é possível publicar um jogo e interagir com jogadores e apreciadores de jogos *indie*.	<https://gamejolt.com/join>

(continua)

(Quadro 6.3 – conclusão)

Plataforma	Definição	Site
Google Play	Loja de aplicativos do Google para dispositivos Android. Diferente da App Store, é possível gerar uma build com o Unity em qualquer sistema operacional e a taxa de utilização do programa custa US$ 25,00 – paga apenas uma vez.	<https://play.google.com/apps/publish/signup/>
Itch.io	A plataforma é gratuita e tem foco em desenvolvedores independentes. Podem-se utilizar diferentes modelos para publicar e monetizar os jogos, além de criar uma página exclusiva para do desenvolvedor, publicando material de apoio, como vídeos, imagens e *devlogs*. Além disso, é possível definir um preço mínimo para o jogo ou permitir que o usuário pague o valor que achar justo.	<https://itch.io/register>
Kongregate	Trata-se de uma plataforma gratuita que permite a publicação de jogos. Além disso, um diferencial para o desenvolvedor é o sistema de monetização que a plataforma oferece. É possível integrar a SDK da plataforma, que permite que o jogo seja divulgado e usuários do site sejam convidados a conhecê-lo. Dessa forma, o nível de *feedbacks* aumenta.	<https://www.kongregate.com/>
Nuuvem	A Nuuvem é uma plataforma brasileira que tem se colocado como referência na publicação de jogos. Contempla tanto jogos para computadores pessoais (PC) quanto para consoles. Permite a publicação e a comercialização de jogos.	<https://www.nuuvem.com/>
Steam	É uma das mais famosas plataformas para publicação de jogos para PC. Qualquer desenvolvedor pode se cadastrar e publicar um jogo desenvolvido no Unity. O jogo deve utilizar a SDK da própria Steam, e todo o processo é feito na da área de desenvolvedores.	<https://partner.steamgames.com/>

6.7 Ferramentas de apoio

Durante a criação de qualquer produto, algumas ferramentas podem auxiliar, a fim de que o processo seja realizado dentro do prazo e atendendo ao escopo. A seguir, listamos algumas ferramentas e técnicas que podem apoiar o desenvolvimento de jogos:

- **Bloco de notas** – Pode ser feito num caderno ou num quadro branco. É sempre bom rascunhar e desenhar o passo a passo do projeto, a funcionalidade da mecânica e o fluxo do algoritmo que será implementado.
- **Escopo** – Serve para definir os objetivos do jogo de forma clara. Pode-se começar com *games* de escopo pequeno e claro, evitando-se jogos de classificação AAA, pois, para essa tarefa, necessita-se de uma grande equipe e a chance de frustração é grande.
- **Cronograma** – Defina o passo a passo do projeto, e os prazos de entrega e as datas de conclusão. Isso ajuda o desenvolvedor a assumir um compromisso consigo mesmo. Além disso, facilita o entendimento do escopo e deixa claro o tamanho do projeto.
- **Comunidade de desenvolvedores** – Oferece um círculo de apoio técnico e de *feedback* para os projetos. Para começar, sugerimos o seguinte *link*: <https://unity.com/community>.
- **Manual da ferramenta** – Pode-se usar a documentação oficial do Unity (<https://docs.unity3d.com/Manual/index.html>) ou de qualquer outra ferramenta que estiver sendo usada. Com certeza alguém já teve a mesma dúvida que pode surgir no desenvolvimento e a resposta pode estar facilmente acessível.

6.8 Boas práticas de programação

Estamos chegando ao final de nosso estudo sobre o desenvolvimento de jogos. Ao longo dos seis capítulos, introduzimos conceitos de lógica de programação, apresentamos a linguagem de programação C# e mostrando como ela pode ser utilizada em uma *engine* de desenvolvimento de *games*.

Para finalizarmos, disponibilizamos um conjunto de boas práticas e dicas importantes que devem ser observadas durante qualquer atividade de programação. Esses tópicos são essenciais no desenvolvendo de jogos ou de qualquer outro *software*, possibilitando a criação de um produto com um código elegante e eficiente.

- **Nomenclatura de variáveis e funções** – Devem-se utilizar nomes significativos e deixar claro o que cada função ou variável é responsável por fazer. Por exemplo, para armazenar o valor de uma soma, deve-se preferir criar uma variável chamada *s* a uma chamada *soma*. Além disso, são importantes as convenções de nomenclatura (como o uso de caixa-baixa/caixa-alta) apresentadas no Capítulo 1.
- **Comentários** – Devem ser realizados sempre que necessário, mas seu uso não deve ser exagerado. Se um código está muito comentado, é sinal de que a lógica implementada, por si só, não está clara. Se isso acontecer, é necessário realizar uma revisão e, se for o caso, refazer algumas partes do código.
- **Reuso de código** – Se o desenvolvedor perceber que está usando um código igual em diferentes partes da estrutura do *game*, é melhor usar uma função. Isso facilita a organização e a compreensão

do código e torna a manutenção (quando for necessária) mais rápida.
- **Indentação** – A correta indentação do código facilita sua leitura e colabora com a sua organização. Geralmente, o IDE (*Integrated Development Environment*) que está sendo utilizado possibilita atalhos que indentam o código automaticamente.
- **Pensar primeiro** – Antes de implementar um algoritmo, deve-se pensar no todo e entender quais são as entradas e as saídas a serem utilizadas e identificar todos os passos necessários para se chegar ao resultado desejado. Se for o caso, pode-se projetar o jogo no papel, desenhar um fluxograma ou escrever uma lista com os passos do algoritmo.
- **Versionamento** – O controle de versão é um ponto importantíssimo no desenvolvimento de qualquer *software*. Para isso, é necessário pesquisar sobre ferramentas de versionamento (por exemplo, o GitHub) e evitar problemas com *backups* e a perda de código.
- **Testes** – Sempre que um *software* ou um *game* tiver uma nova funcionalidade desenvolvida, deve-se testar todo o processo e garantir que nada deixou de funcionar quando a nova *feature* foi implementada.

considerações finais

Ao finalizarmos nosso estudo, foi possível verificar que todo o processo de programação e de desenvolvimento de um jogo digital foi detalhadamente descrito. Para isso, iniciamos com a cobertura básica de conceitos de programação e progredimos até a elaboração de um jogo básico, mas completo – apresentando, inclusive, a possibilidade de publicação de jogos e as boas práticas de programação.

Ao longo dos dois primeiros capítulos, focamos na lógica e na linguagem de programação C#. Os principais conceitos de desenvolvimento de *games* foram apresentados e trabalhados em uma aplicação básica, sem interface gráfica, a fim de fixar a funcionalidade que, posteriormente, pode ser migrada para o desenvolvimento de um código de jogo.

Entre os principais conceitos, abordamos os laços de repetição, os elementos condicionais e a utilização de funções. Após um período de fixação de tais conceitos, no Capítulo 3 analisamos a criação de um motor de desenvolvimento de jogos Unity.

Para exemplificar os conceitos de programação na criação de jogos, realizamos um processo guiado de desenvolvimento, aplicando-os nas mecânicas de jogos em um jogo de plataforma. O objetivo desse processo foi, além de desenvolver o pensamento lógico, identificar a melhor forma de implementá-lo no Unity utilizando *scripts*. Após a etapa de raciocínio e de definição do código, apresentamos *scripts* prontos, a fim de oferecer uma base de apoio e pesquisa para os desenvolvedores de *games*.

Por fim, no Capítulo 6, focamos no produto de jogo. Além de finalizar a implementação de mecânicas, apresentamos conceitos de interface gráfica e trabalhamos com recursos de áudio de acesso gratuito, além de listar boas práticas de programação e dar dicas para que o desenvolvedor seja capaz de publicar seus jogos independentemente.

A semente do desenvolvimento de jogos foi, enfim, lançada. Agora, seu cultivo só depende dos interessados no assunto. Desejamos sucesso a todos no desenvolvimento de uma carreira promissora.

Referências

CAVALINI, M. Palavras reservadas à programação do C#. **Cavas**, 2017. Disponível em: <http://cavas.com.br/programacao/palavras-reservadas-a-programacao-do-c/>. Acesso em: 4 jul. 2022.

CWALINA, K.; OLPROD. Convenções de maiúsculas e minúsculas. **Microsoft**. 28 set. 2021. Disponível em: <https://docs.microsoft.com/pt-br/dotnet/standard/design-guidelines/capitalization-conventions>. Acesso em: 7 mar. 2022.

DEITEL, P.; DEITEL, H. **C# 6 for Programmers**. 2. ed. São Paulo: Pearson Education, 2005.

DIMES, T. **Programação em C# para iniciantes**. Tradução de Roger Senna Rosa. Hackensack: Babelcube, 2016.

FERRONE, H. **Learning C# by Developing Games with Unity 2019**. 4. ed. Birmingham: Packt Publishing, 2019.

GAME ART 2D. Disponível em: <https://www.gameart2d.com/>. Acesso em: 22 fev. 2022a.

GAME ART 2D. **Cute Dino**: Free Sprite. Disponível em: <https://www.gameart2d.com/free-dino-sprites.html>. Acesso em: 22 fev. 2022b.

LEAL, F. **Tutorial**: jogo de plataforma no Unity 5 – Parte 2 – animando o personagem. 2020. Disponível em: <https://www.fabricadejogos.net/posts/tutorial-jogo-de-plataforma-no-unity-5-parte-2-animando-o-personagem/>. Acesso em: 4 jul. 2022.

MACORATTI, J. C. **C#**: gerando números aleatórios. **Macoratti.net**, 30 maio 2012. Disponível em: <http://www.macoratti.net/12/05/c_rand1.htm>. Acesso em: 17 fev. 2022.

SEIDL, M. et al. **UML@Classroom**: an Introduction to Object-Oriented Modeling. London: Springer, 2012.

UNITY TECHNOLOGIES. Audio Files. **Unity Editor Manual and Scripting Reference**. 2020a. Disponível em: <https://docs.unity3d.com/Manual/AudioFiles.html>. Acesso em: 4 mar. 2022.

UNITY TECHNOLOGIES. Audio Source. **Unity Editor Manual and Scripting Reference**. 2022b. Disponível em: <https://docs.unity3d.com/Manual/class-AudioSource.html>. Acesso em: 4 mar. 2022.

UNITY TECHNOLOGIES. Button. **Unity Editor Manual and Scripting Reference**. 2020a. Disponível em: <https://docs.unity3d.com/Packages/com.unity.ugui@1.0/manual/*script*-Button.html>. Acesso em: 4 mar. 2022.

UNITY TECHNOLOGIES. Canvas. **Unity Editor Manual and Scripting Reference**. 2021a. Disponível em: <https://docs.unity3d.com/2020.1/Documentation/Manual/UICanvas.html>. Acesso em: 23 set. 2020.

UNITY TECHNOLOGIES. Creating User Interfaces (UI). **Unity Editor Manual and Scripting Reference**. 2021b. Disponível em: <https://docs.unity3d.com/2020.2/Documentation/Manual/UIToolkits.html>. Acesso em: 7 mar. 2022.

UNITY TECHNOLOGIES. Dropdown. **Unity Editor Manual and Scripting Reference**. 2020b. Disponível em: <https://docs.unity3d.com/Packages/com.unity.ugui@1.0/manual/script-Dropdown.html>. Acesso em: 4 mar. 2022.

UNITY TECHNOLOGIES. Event System. **Unity Editor Manual and Scripting Reference**. 2020c. Disponível em: <https://docs.unity3d.com/Packages/com.unity.ugui@1.0/manual/EventSystem.html>. Acesso em: 4 mar. 2022.

UNITY TECHNOLOGIES. Input Field. **Unity Editor Manual and Scripting Reference**. 2020d. Disponível em: <https://docs.unity3d.

com/Packages/com.unity.ugui@1.0/manual/script-InputField.html>. Acesso em: 4 mar. 2022.

UNITY TECHNOLOGIES. Quaternion. **Unity Editor Manual and Scripting Reference**. 2022c. Disponível em: <https://docs.unity3d.com/*Script*Reference/Quaternion.html>. Acesso em: 7 mar. 2022.

UNITY TECHNOLOGIES. Rigidbody. **Unity Editor Manual and Scripting Reference**. 2022d. Disponível em: <https://docs.unity3d.com/ScriptReference/Rigidbody.html>. Acesso em: 22 fev. 2022.

UNITY TECHNOLOGIES. Scene Manager. **Unity Editor Manual and Scripting Reference**. 2022e. Disponível em: <https://docs.unity3d.com/*Script*Reference/SceneManagement.SceneManager.html>. Acesso em: 7 mar. 2022.

UNITY TECHNOLOGIES. Scrollbar. **Unity Editor Manual and Scripting Reference**. 2020e. Disponível em: <https://docs.unity3d.com/Packages/com.unity.ugui@1.0/manual/script-Scrollbar.html>. Acesso em: 4 mar. 2022.

UNITY TECHNOLOGIES. Scroll Rect. **Unity Editor Manual and Scripting Reference**. 2020f. Disponível em: <https://docs.unity3d.com/Packages/com.unity.ugui@1.0/manual/script-ScrollRect.html>. Acesso em: 4 mar. 2022.

UNITY TECHNOLOGIES. Slider. **Unity Editor Manual and Scripting Reference**. 2020g. Disponível em: <https://docs.unity3d.com/Packages/com.unity.ugui@1.0/manual/script-Slider.html>. Acesso em: 4 mar. 2022.

UNITY TECHNOLOGIES. Time.deltaTime. **Unity Editor Manual and Scripting Reference**. 2022f. Disponível em: <https://docs.unity3d.com/ScriptReference/Time-deltaTime.html>. Acesso em: 7 mar. 2022.

UNITY TECHNOLOGIES. Toggle. **Unity Editor Manual and Scripting Reference**. 2020h. Disponível em: <https://docs.unity3d.com/Packages/com.unity.ugui@1.0/manual/script-Toggle.html>. Acesso em: 4 mar. 2022.

UNITY TECHNOLOGIES. **Unity Editor Manual and Scripting Reference**. 2022. Disponível em: <https://docs.unity3d.com/Manual/index.html>. Acesso em: 5 jul. 2022g.

VAN TOLL, W.; EGGES, A.; FOKKER, J. D. **Learning C# by Programming Games**. 2. ed. Londres: Springer, 2019.

WAGNER, B.; OLPROD. Tipos internos (referência C#). **Microsoft**. 28 set. 2021. Disponível em: <https://docs.microsoft.com/pt-br/dotnet/csharp/language-reference/builtin-types/built-in-types>. Acesso em: 16 fev. 2022.

WAGNER, B.; OLPROD. Tipos numéricos de ponto flutuante (referência de C#). **Microsoft**. 12 jan. 2022. Disponível em: <https://docs.microsoft.com/pt-br/dotnet/csharp/language-reference/builtin-types/floating-point-numeric-types>. Acesso em: 16 fev. 2022.

WAGNER, B.; OLPROD; OPEN LOCALIZATION SERVICE. Palavras-chave C#. **Microsoft**. 12 jan. 2022. Disponível em: <https://docs.microsoft.com/pt-br/dotnet/csharp/language-reference/keywords/>. Acesso em: 16 fev. 2022.

sobre o autor

Vinícius Cassol é doutor em Ciência da Computação pela Pontifícia Universidade Católica do Rio Grande do Sul (PUCRS) com pesquisa focada na área de computação gráfica e simulação de agentes virtuais. Tem experiência no ensino universitário em cursos de tecnologia, especialmente no desenvolvimento de *games*. Atuou na indústria como gestor de empresa de desenvolvimento de *softwares* e jogos. Atualmente, é professor do Centro Universitário Ritter dos Reis (UniRitter), em Porto Alegre, e atua como consultor de tecnologia em maratonas de desenvolvimento de jogos. É responsável pela organização do Game Show, que acontece anualmente desde 2016. Além disso, é membro da Comissão Especial de Jogos da Sociedade Brasileira de Computação (SBC) e membro atuante na organização e na condução do Simpósio Brasileiro de Games e Entretenimento Digital (SBGames) desde 2014.

✱

Os livros direcionados ao campo do *design* são diagramados com famílias tipográficas históricas. Neste volume foram utilizadas a **Times** – criada em 1931 por Stanley Morrison e Victor Lardent para uso do jornal The Times of London e consagrada por ter sido, por anos, a fonte padrão do Microsoft Word – e a **Roboto** – desenhada pelo americano Christian Robertson sob encomenda da Google e lançada em 2011 no Android 4.0.

Impressão:
Julho/2022